타미야 1/48 톰캣 제작 가이드

F-14A
톰캣을 즐겨보자!

AK HOBBY BOOK

contents

목차 2

시작하기 전에 3

항공기 모형 초보자가 톰캣에 도전!
에어브러시/붓 도색으로 톰캣을 즐겨보자! 4

F-14A "VF-84 졸리 로저스" 대공략!!
장인이 가르쳐주는 톰캣 제작의 묘미 10

스트롱 스타일로 디테일업 공작!!
그루먼 F-14A 톰캣 VF-84 "졸리 로저스" 30

특별기고
나와 톰캣의 여정 44

실제로 활약하는 REAL 톰캣
F-14 톰캣 실기사진 46

칠하고 덧칠하고 문질러 벗겨내는 손쉬운 보수 도장 흔적 재현!
그루먼 F-14A 톰캣 VF-2 "바운티 헌터즈" 56

지금 당장 만들고 싶다! 타미야의 "봄캣"
그루먼 F-14A 톰캣 VF-154 "블랙 나이츠" 60

더욱 컬러풀하게, 더욱 섬세하게 톰캣을 만들자!
타미야 1/48 그루먼 F-14A 톰캣
데칼 & 디테일 파츠 카탈로그 68

타미야 1/48 톰캣 제작 가이드
F-14A
톰캣을 즐겨보자!

2016년 11월, 최고의 타이밍에 발매된 타미야 1/48 스케일 그루먼 F-14A 톰캣. 타미야의 1/48 걸작기 시리즈의 최신작으로, 지금까지 축적된 기술과 노하우가 아낌없이 투입된 슈퍼 키트이다. 제품으로서의 주목도도 높았기에 이 제품이 발매된 후에는 '월간 하비 재팬'을 포함한 모형 잡지에 일제히 특집 기사가 실린 정도로 기대를 모았다.

F-14 톰캣은 일본에서는 물론 애니메이션 '마크로스マクロス'의 영향이 강하긴 하지만, 그 외에도 영화 「파이널 카운트다운Final countdown」, 「탑 건TOP GUN」 등으로 인해 일반인들에게도 인지도가 높다고 할 수 있다. 또, 최근에는 거의 사라졌다고 여겨지던 F-14가 먼 중동의 이란 공군에서 아직도 현역으로 운용 중임이 판명된 것도 크게 작용했다. F-14는 함대 방공용으로 개발되었기에 화기 관제 시스템이 그야말로 '슈퍼'! 엄청나게 호화롭기에, 상대의 인식 범위 밖에서 24기의 적을 포착, 그 중 6기의 적에게 동시에 AIM-54 피닉스 미사일을 발사할 수 있다. 상대는 어디서 자신을 공격했는지조차 모른 채 격추되고 만다. 끝내주지 않는가! 또한, 함재기로서는 상당히 대형인 기체를 항모에 안정적으로 착함시키기 위해 채용된 가변익 또한 중2병을 자극한다. 톰캣의 가변익은 비행 중에 그 속도에 따라 최적의 각도로 자동으로 움직이는데, 이러한 가변익의 활약은 영화 「탑 건」에서도 볼 수 있다. 아니, 장면 장면마다 주익이 미묘하게 각도를 변경하는 모습을 볼 수 있기에 꼭 보아야 한다. 이 책에서는 그런 F-14의 매력을 타미야 키트와 함께 파헤쳐보도록 하겠다.

※ 이 책은 '월간 하비 재팬月刊ホビージャパン' 2017년 2월호에 게재된 특집 작례 기사에 새로 촬영한 사진, 미발표 기사, 최신 정보 등을 추가해 새롭게 재구성한 것입니다.

에어브러시 / 붓 도색으로 톰캣을 즐기자!

LET'S ENJOY TOMCAT!!

2016년에 발매된 타미야 1/48 톰캣은 항공기 모형 초보자도 멋지게 완성할 수 있는 슈퍼 키트! 이것을 실제로 증명하기 위해, 하비 재팬의 사원인 1983년 생 33세 콤비 (페)와 (탄) 2명이 제작에 도전!! 도색은 각각 에어브러시와 붓 도색을 사용했으며, 콘셉트는 요즘 유행하는 이란 공군 사양이다. 과연 그들은 페르시안 고양이를 길들일 수 있을 것인가!!

항공기 모형 초보자가 톰캣에 도전?!

그루먼 F-14A 톰캣
● 발매: 타미야 ● 8,424엔, 발매 중 ● 1/48, 약 39.8cm

타미야 1/48 스케일 플라스틱 키트
그루먼 F-14A 톰캣 이란 공군
제작·글 / (페), (탄)

IRANIAN F-14A TOMCAT
TAMIYA 1/48 Grumman F-14A TOMCAT
modeled by PE, TAN

등장인물소개

◀ (오른쪽) (페) / 돗토리特販 출신 빅보이. 아마도 180cm. 하비 재팬 본지에서는 'Ma.K.in SF3D'나 'FA걸'을 담당한다. Ma.K 스타일 붓 도색에 도전!!
(왼쪽) (탄) / 염원하던 마이 홈을 구입, 마음이 딴 데 가 있는 하비 재팬 영업맨.

[우선은 조립부터!]

01

(페) 1/48 제트 전투기에요 (탄) 씨! 만들어보신 적 있으세요?
(탄) 없어!!
(페) 저도!
(탄) 슈퍼 무모한 짓이지만, 열심히 해서 완성시켜 보자고!
(페) 뭔가 좀 두근두근거리네요!

02

(페) 일단 콕피트를 조립해버렸는데요.
(탄) 어? 칠하면서 하는 거 아니야?
(페) 귀찮다구요~. 붓 도색으로 팍팍 해버릴 겁니다! 이번엔 전부 붓 도색할 거예요.

03

(탄) 오오! 그렇지~. 계기판은 검은색을 세밀하게 구별해서 칠해야 하지만, 대충 그럴듯하게 칠하면 되는 거지~.
(페) 보일 것 같은 부분은 꼼꼼하게, 나머지는 분위기!

04

(페) 콕피트를 끼우고, 기수와 본체를 가조립해보니까… 아~ 흡칫!! 파츠가 쫘익하고 흡착되는 느낌!!
(탄) 자자~ 여기 무수지 접착제있사용~♪
(페) 어디 보자…. 모든 파츠가 지금까지 체감본 적 없는 최고의 핏! 조립 실력이 늘은 거 아닌가 착각하게 되네요.

05

(탄) (페)가 붓 도색을 하겠다면, 난 에어브러시. 전차 모형처럼 전부 조립한 다음에 칠하고 싶어!!!!!!
(페) 항상 전차만 칠하시니까요 ㅋㅋㅋ.
(탄) 아 왠지 모르게 막 파츠들을 달고 싶어져서 떨리네 부들부들….
(페) 뭐~ 제대로 된 기사는 뒷 페이지에 실릴 테니 우린 그냥 편하게 가자고요~. 일단 모양은 그럴듯 하네요. 순식간에 칠해져요.

[칠하자!] 에어브러시 편

01
(탄) 우선 바탕색으로 각 패널라인을 따라 보라색을 뿌릴 겁니다.
(페) 보라색? 심지어 버추얼 온(※ 세가의 로봇 대전 게임 전뇌전기 버추얼 온) 컬러 보라색 아닙니까 그게!
(탄) '스톰 다크 퍼플'(품번 VO-18)이에요. 검은 색은 아무래도 너무 색 구별이 심해져서요. 보라색은 자연스러운 음영이 생겨서 좋아함.

02
(탄) 안쪽을 칠했다면 부속된 마스크 실로 캐노피도 마스킹 해서 단숨에 위장 도색으로!
(페) 혹시 캐노피 접착하셨어요?
(탄) 예. 접착하면 콕피트는 마스킹 안 해도 될까~ 싶어서.
(페) 설명서에 접착하지 않아도 된다고….
(탄) 에엑~~?!
(페) 개폐할 수가 없잖아요!!

03
(탄) 오른쪽 수평 꼬리 날개를 조립해… 아~!
(페) 걸리셨구만~!! 좌우 대칭 파츠의 암성이시~!
(탄) 수평 꼬리 날개, 양쪽 다 위아래 똑같이 칠해버렸네….
(페) 다시 칠해라♪ 다시 칠해라♪

04
(탄) 옐로, 브라운, 그린 순서로 칠해갈까 합니다. 각 위장색은 명도가 다른 도료를 각각 몇 종류씩 준비해서 그러데이션을 넣어주도록 하겠습니다.

05
(페) 위장색 톤은 어떻게 안정시키나요? 위장색 칠할 때 각각 명도가 다른 도료로 칠하면 색감이 좀 들쭉날쭉해지지 않아요?

06
(탄) 그럴 땐 이것! GSI 크레오스의 Mr. 웨더링 컬러 필터 리퀴드죠. 녹색 명도가 아무래도 눈에 띄기 때문에, 다른 색도 녹색으로 필터링을 해서 비슷하게 만들어보죠. 옐로, 블루를 섞어서 만든 그린에 멀티 그레이를 섞은 걸 사용합니다.

07
(페) 얼레? 필터 리퀴드도 그린이 있는데요?
(탄) 아, 깜빡했네….

08
(탄) 전체적으로 옅~게 칠해 나갑니다.
(페) 오오! 뭔가 좀 안정이 되는데.
(탄) 그레이도 가미되었으니, 패널라인 대로 따라가면서 칠하면 자연스럽게 먹선이 들어가죠.

09
(탄) 가동부의 오염은 아까 필터링한 것에 Mr. 웨더링 컬러 그라운드 브라운을 섞은 걸 넣어줍니다~.

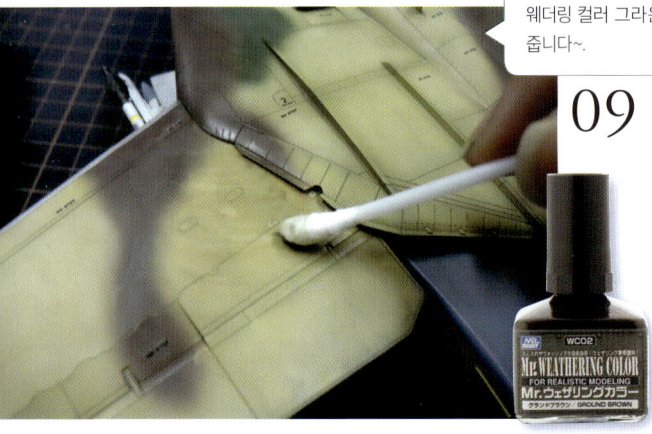

10
(탄) 미사일이랑 데칼… 눈이 가물가물하네….
(페) 이거만 끝내면 완성이에요! 파이팅!

[칠하자!] 붓 도색 편

(페) 이렇게 큰 걸 붓으로 칠하는 건 오랜만이네요. 너무 커서 들고 있으니 팔이 저려와요. 다크 옐로, 러시안 그린, 옥사이드 레드를 사용합니다. 도료는 팔레트에 옮겨 사용할 거고요.
(탄) 늘 생각하는 건데, 팔레트 진짜 더럽네~.
(페) 엥? 이거 보통 닦아 쓰던가요??
(탄) …….

(페) 좌아악~하고 아래쪽은 다크 그린으로 바탕색을 칠합니다. 이젠 기세죠! 두꺼운 붓을 쓰세요!! 생각하기보다는 Feeling~!!

(페) 그린이 마르면 옐로를 도색!
(탄) 우와~~ 완전 불안한데~. 지저분하고~.
(페) 이 다음에 흰색을 칠하면 달라져요! 하하하(살짝 불안). 바탕의 옐로가 녹아나오면서 느낌이 좋아진다구요.

(페) 자, 위쪽 표면을 칠합니다.
(탄) 뭐야 이건?
(페) 바탕색이 검은색이나 그런 거면 더러워질 것 같기도 하고, 어떨까~ 싶어서 파랑하고 그레이를 칠해봤죠! 파랑이 다크 옐로에 깊이를 더해줄 것 같아서요. 아무래도 불안하긴 한데요…. 뭐 (탄) 씨도 보라색 칠했으니까.

(페) (탄) 씨, 다크 옐로 좀 빌려주세요.
(탄) 자요.
(페) 응? 이거 안 열리는데… 뭐 이렇게 꽉 닫은 겨? 끄으으으응~ 열렸다! 엑? 없잖아~~.
(탄) 어? 진짜?? 미안 미안. 자, 새 거.

(페) 나 참…. 자, 다시 새로운 기분으로 도료를 묽게 해서 몇 번에 걸쳐 칠합니다. 붓으로 칠하지만 패널라인을 메우진 않도록 말이죠~!

(페) 옐로가 얼추 색이 나왔다면 나머지 색을 칠해 나갑니다. 그리고 둘 사이에 서로의 색을 섞어 만든 컬러를 묽게 칠하면 서로 위화감 없이 어우러지죠! 그럼 끈기와 인내로….

(페) 다 칠했다면 데칼! 데칼 많네~. 데칼이 마르면 무광 마감제를 뿌려서 완성합니다!!
(탄) (페)의 미사일은? 어? 설마?
(페) 다 쏴버렸다 치죠~♪.

7

[드디어 완성!] 에어브러시 도색 편

(탄)의 에어브러시 도색 톰캣이 완성. 도색 미스, 파츠 정형 미스를 이겨내고 만든 완성품은?!

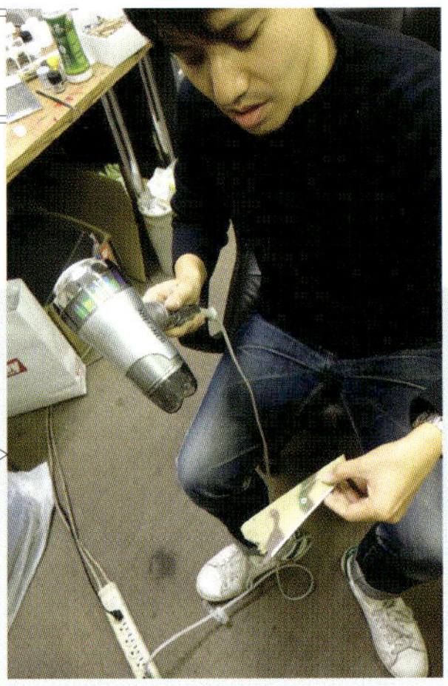

(탄) 마감이 아슬아슬하므로 드라이어로 건조! 시간 여유가 있는 분은 따라하지 마시길.

▲ 에어브러시 도색 톰캣. 균일하게 얼룩 없이 칠할 수 있는 에어브러시는 초보자에게도 추천~!

▲ 기수 우측. 위장색의 경계를 자연스럽게 만들 수 있는 것이 에어브러시의 메리트 중 하나. 공중 급유 프로브는 작동 상태로 제작

▲ 오른쪽 주익과 글로브Glove 부분. 에어브러시로 도색했을 때 단조로워지기 쉬운 색조는 필터 리퀴드 덧칠과 웨더링으로 커버

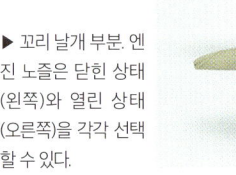

◀ 기체 하부. AIM-54 피닉스, AIM-7 스패로우, AIM-9 사이드와인더 미사일을 탑재했다.

▶ 꼬리 날개 부분. 엔진 노즐은 닫힌 상태(왼쪽)와 열린 상태(오른쪽)를 각각 선택할 수 있다.

[드디어 완성!] 붓 도색 편

(페)의 붓 도색 톰캣 완성. 바탕색으로 칠한 수수께끼의 파랑은?! 그리고 붓 얼룩은 어떻게 되었을까?

기수 좌측. 농도를 자유로이 조절할 수 있는 붓 도색이라면 확실한 착색과 색 분할이 가능하다.

▲ 꼬리 날개 부분. 바탕색과 위장색을 어울리게 만들어 재밌는 효과가 탄생했다. 엔진 노즐은 오므린 상태를 선택했다.

▲ 콕피트 내부. 캐노피 파츠는 정밀도가 높으므로, 접착하지 않으면 완성 후에도 개폐할 수 있다.

▲ 기체 아래쪽. 다양한 컬러를 겹쳐 칠해 탄생한 그림자와 웨더링의 분위기가 알기 쉽다. 미사일은 이미 발사한 후인 것으로….

(페) 실수로 프로브 커버를 닫은 채로 칠해버렸다! (탄)한테는 비밀로 벗겨내 두자….

▲ 붓으로 도색한 톰캣. 다양한 도색 농도에서 야수 같은 다이내믹함이 느껴진다.

How To Build Tamiya's
GRUMMAN F-14A TOMCAT
VF-84
"Jolly Rogers" (USS Nimitz)

F-14A "VF-84 졸리 로저스" 대공략!

2016년 11월 발매된 최신작으로, 만들기 쉽지만 정밀하게 F-14를 재현한 프라모델이 바로 이 작품이다. 타미야 스탠더드 제품 구성으로, 조립하기 쉽고 파츠가 아주 잘 맞는 등, 훌륭한 키트로 완성되었다. 하지만 거대한 1/48 제트 전투기, 심지어 쌍발기이기 때문에 고전하게 될지도 모른다. 여기서는 조립 설명서의 순서에 따라 공작 내용을 자세히 소개하도록 하겠다.

타미야 1/48 스케일 플라스틱 키트
그루먼 F-14A 톰캣
제작·글 / 후쿠시 아키하루 福士明春

TAMIYA 1/48 scale plastic kit
GRUMMAN F-14A TOMCAT
modeled by Akiharu FUKUSHI

그루먼 F-14A 톰캣
● 발매 / 타미야 ● 8,424엔, 발매 중 ● 1/48, 약 39.8cm
● 플라스틱 키트

TOMCAT!
장인이 가르쳐주는 톰캣 제작의 묘미

**목표는 바로 이 패키지.
자, 매장을 향해 캐터펄트 대시!**

자, 당신도 이 멋진 프라모델을 구입해 역사적인 키트를 체험한 증인이 되는 것이다!
목표는 푸른 하늘이 빛나는 이 일러스트!
모형 매장으로 Go! Go!!

콕피트 조립

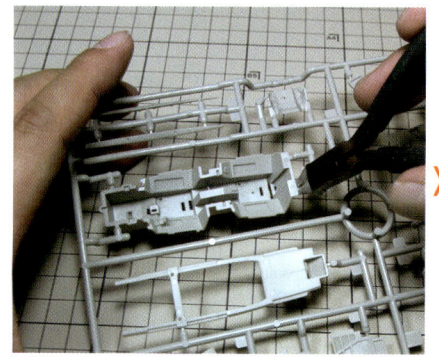
▲ 콕피트 조립. 콕피트 파츠를 전부 잘라내고 게이트를 처리한다.

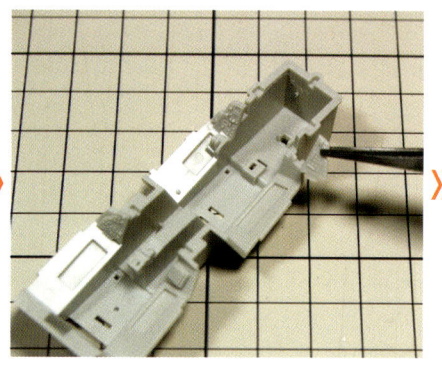
▲ 도색 작업에 문제가 없는 부분은 접착. 사이드 패널은 이번에는 에어브러시로 나눠 칠하기 때문에 접착하지 않는다.

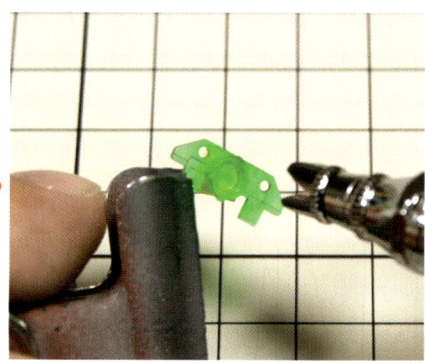
▲ 클리어 파츠는 안쪽부터 칠해둔다. 이 파츠는 콕피트 도색이 완료될 때까지는 접착하지 말 것.

▲ 사이드 패널과 계기판은 양면 테이프로 고정. 콕피트 파츠를 기본색으로 한 번에 도색한다.

▲ 얇게 자른 마스킹 테이프를 핀셋으로 붙여 마스킹하고, 사이드 패널의 검은 부분을 칠한다.

▲ 마스킹할 수 없는 세밀한 계기판은 얇은 붓으로 칠한다. 확대경이나 돋보기를 쓰면 미세한 요철도 보여서 칠하기 편리하다.

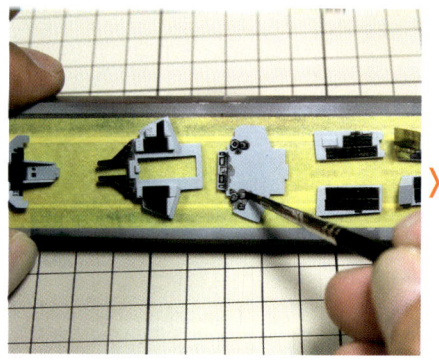
▲ 각 패널마다 먹선을 넣는다. 전체 색의 경계선을 알 수 있기 때문에, 체크하면서 구별해 칠할 수 있다.

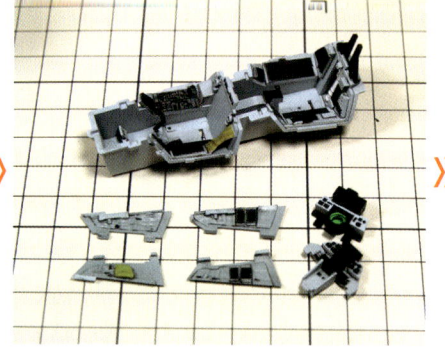
▲ 색을 분할해 도색한 콕피트 파츠. 칠하지 않은 부분이나 잘못 칠한 부분이 없는지 다시 한 번 확인한다.

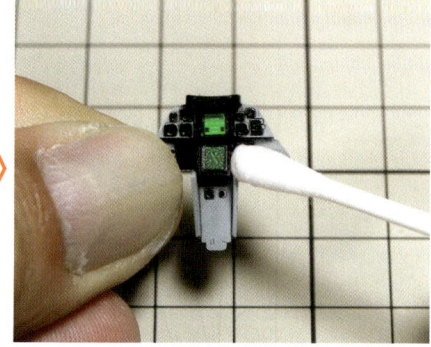
▲계기판 데칼을 마크 세터(습식 데칼 접착제)를 사용해 붙인다. 여분의 수분은 면봉으로 흡수. 위 아래에 붙지 않도록 주의하자.

▲데칼이 완전히 건조되었다면 콕피트에 접착한다.

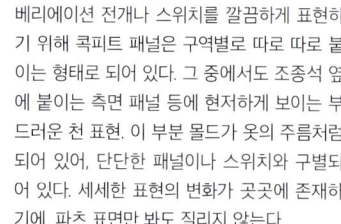

이 키트의 어필 포인트
풍부한 표현의 콕피트

베리에이션 전개나 스위치를 깔끔하게 표현하기 위해 콕피트 패널은 구역별로 따로 따로 붙이는 형태로 되어 있다. 그 중에서도 조종석 옆에 붙이는 측면 패널 등에 현저하게 보이는 부드러운 천 표현. 이 부분 몰드가 옷의 주름처럼 되어 있어, 단단한 패널이나 스위치와 구별되어 있다. 세세한 표현의 변화가 곳곳에 존재하기에, 파츠 표면만 봐도 질리지 않는다.

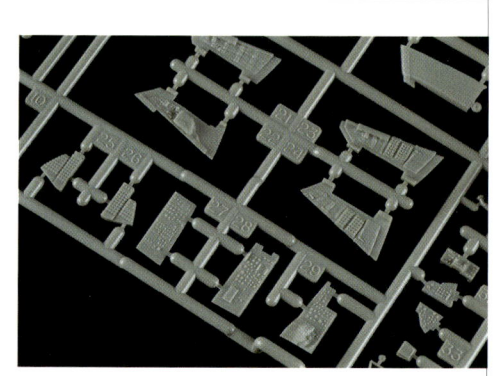

랜딩 기어 베이(전방) 조립

▲ 랜딩 기어 베이 구성 파츠를 전부 떼어낸다. 여기도 니퍼로 잘라내 게이트를 처리한다.

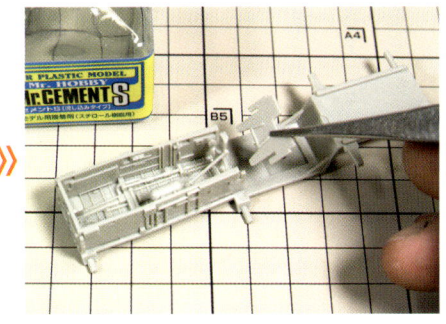
▲ 랜딩 기어 베이를 조립한다. 랜딩 기어와 보조 파츠는 도색과 먹선을 넣기 때문에, 여기만 접착하지 않는다.

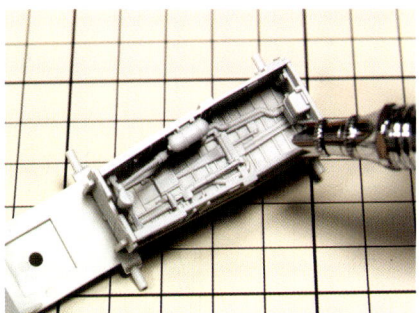
▲ 랜딩 기어 베이에 묽게 희석한 서페이서 1200을 도포한다. 먹선 작업 도중에 도막이 벗겨지는 것을 막기 위해서이다.

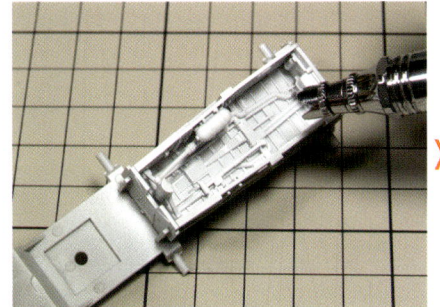
▲ 건조 후, 화이트로 도색. 바탕으로 칠한 서페이서 덕분에 발색도 좋아진다.

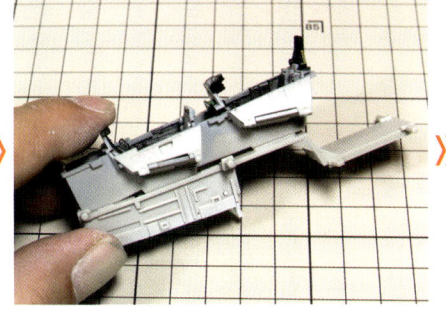
▲ 조립과 도색이 끝난 콕피트와 랜딩 기어 베이를 접착한다. 접합에는 전혀 문제가 없다.

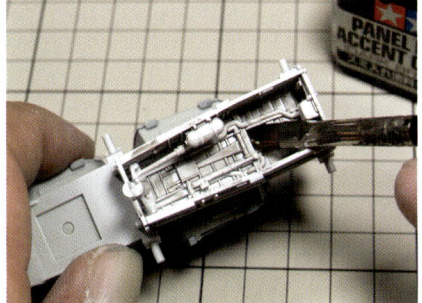
▲ 베이 내부에 먹선을 넣고, 절반쯤 건조되면 면봉으로 닦아낸 뒤, 얇은 붓으로 치핑을 넣어 요철을 강조한다.

콕피트 설치

▲ 기수 파츠를 떼어낸다. 접착면에 게이트 자국이 남아있으므로, 꼼꼼하게 정리해 둘 것.

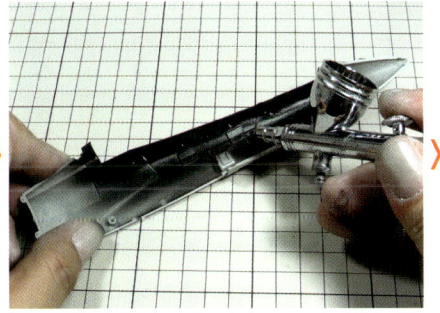
▲ 조립 후에는 거의 보이지 않지만, 기수 파츠의 안쪽에는 무광 블랙을 칠해둔다.

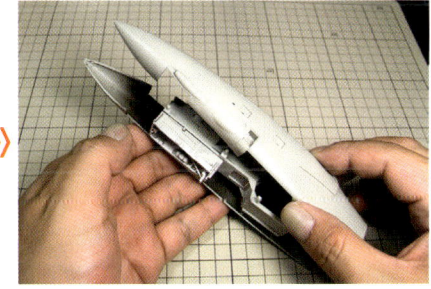
▲ 콕피트 / 랜딩 기어 베이에 있는 돌기를 가이드 삼아 기수 좌우 파츠를 끼워 조립한다.

▲ 빈틈없이 붙였다면, 연결 부분에 무수지 접착제를 흘려 넣어 고정. 접착면이 어긋나지 않도록 조심하자.

▲ 콕피트 상부 프레임을 반광 블랙으로 도색한 후, 뒤쪽부터 끼우듯이 붙인다.

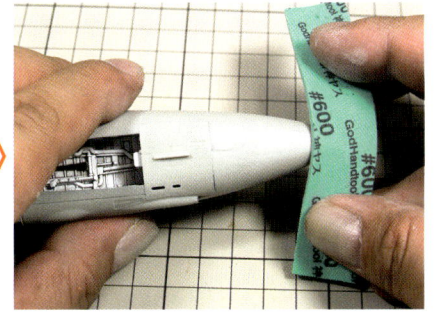
▲ 기체 하면 패널 접착. 접착제가 완전히 건조된 후, 600번 내수 사포로 문질러 접합면을 깔끔하게 정리한다.

가변익 가동부의 조립

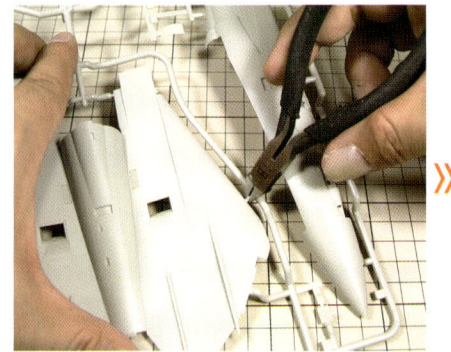

▲ 동체 상부(파츠 B4)를 떼어낸다. 성형 상태는 양호하다. 미묘한 표면 형상도 훌륭하게 재현되어 있다.

▲ 접착면에 언더 게이트가 남아 있으므로, 나이프로 대강 잘라낸다.

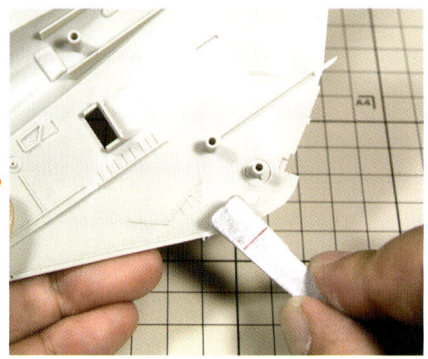

▲ 그리고 평면으로 갈아낼 수 있는 줄을 이용해 틈이나 단차가 발생하지 않도록 완전히 평평하게 만들어 두자.

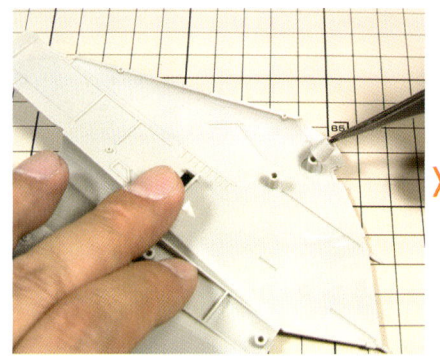

▲ 우선 회전축 부분에 원추형 피벗(E-25번 파츠)을 붙인다. 가동에 영향을 주지 않도록 확실하게 접착할 것.

▲ 주익의 가동부를 끼운다. 조립 설명서에 올바른 위치가 기재되어 있으므로, 거기에 맞춰 끼운다.

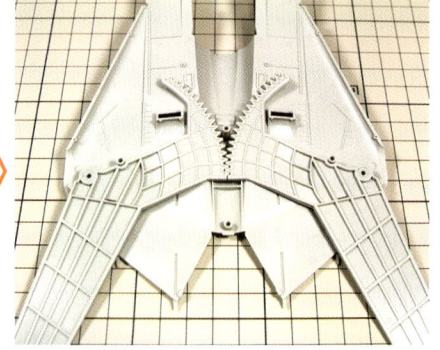

▲ 나사로 고정하기 전에, 파츠를 조립 설명서와 같은 방향으로 향하게 하고 올바르게 조립되었는지 확인한다.

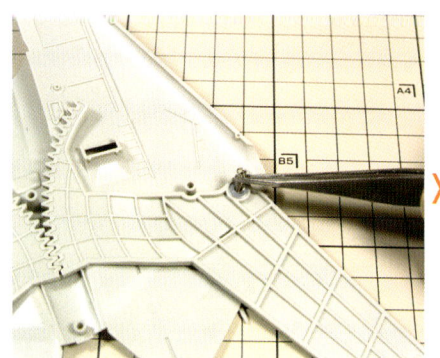

▲ 회전축에 2mm 와셔와 2×6mm 둥근 나사를 끼운다. 작고 잃어버리기 쉬우므로 핀셋으로 끼운다.

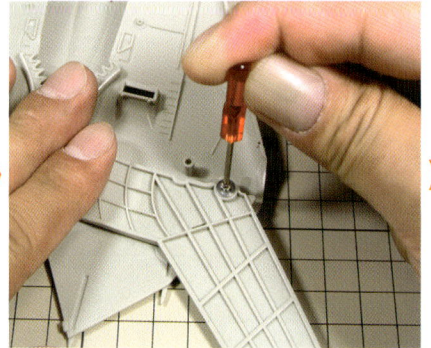

▲ 올바른 위치에 기어를 맞추고 나사를 조인다. 너무 세게 조이면 플라스틱이 깨질 수 있으니 너무 세게 조이지 말 것.

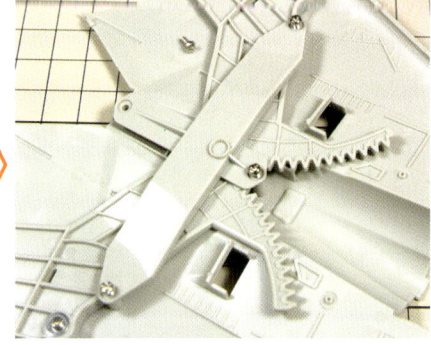

▲ 다음은 주익축 받침을 나사로 고정. 나사를 강하게 조인다고 빽빽해지거나 하지 않으므로, 나사머리가 표면과 마주 닿은 정도가 딱 좋다.

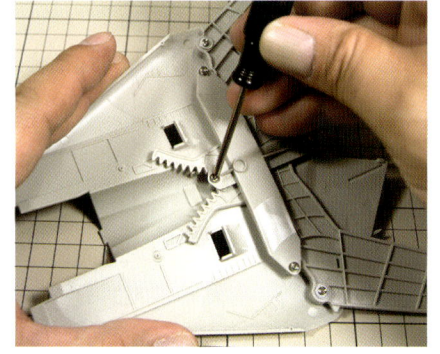

▲ 나사를 조이는 위치는 4군데. 좌우는 6mm, 앞은 8mm, 뒤는 4mm로 각각 나사 길이가 다르니 주의할 것.

가동과 도색의 편리함을 양립시킨 날개와 뼈대의 분할

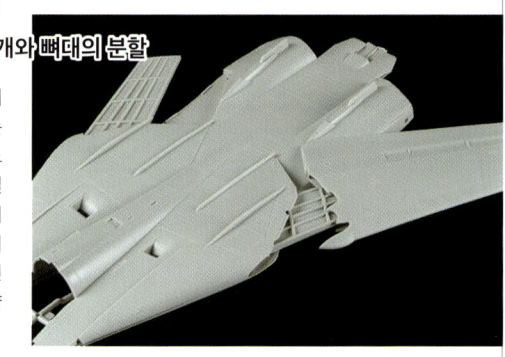

가변익 기체인 만큼, 주익이 가동되는 쪽이 더 기쁜 법. 하지만 이런 키트에 반드시 따라오는 문제가 바로 도색 타이밍이다. 각도에 따라 노출되는 면이 다르기에, 조립 후에는 한 번에 칠할 수 없는 부분이 나오게 된다. 이를 막기 위해 생각해낸 것이 바로 가동용 내부 기구와 외피를 분할하는 방법으로, 뼈대가 넓고, 접착 면적도 크다. 덕분에 도색의 편의성과 가동의 양립에 성공했다.

동체의 조립

▲ 동체는 세밀하게 분할되어 있으며, 런너가 복잡하게 붙어 있으므로 주의하며 게이트를 약간 남기고 잘라낸다.

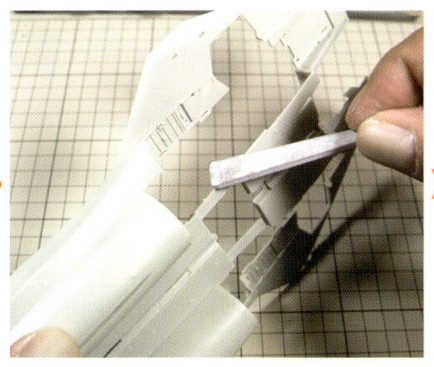

▲ 끼워 넣을 파츠(여기서는 에어 인테이크)가 딱 맞게 들어가도록 평평한 줄로 게이트를 처리한다.

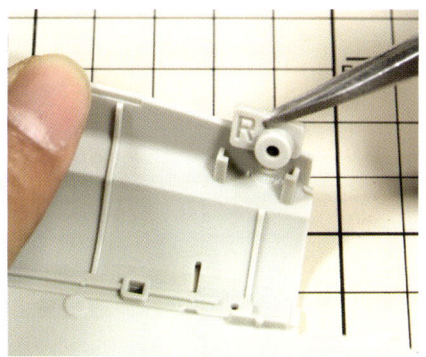

▲ 수평 꼬리 날개를 끼우는 기초부는 타미야다운 친절한 파츠 설계. 문자가 몰드 되어 있어 매우 알기 쉽다.

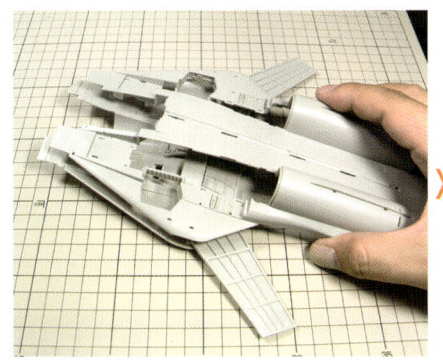

▲ 가조립해 주익이 정확하게 움직이는지 확인한다. 이때 랜딩 기어 베이나 에어 인테이크 주변의 조립과 도색 작업의 순번에 대하여 파악해두면 좋다.

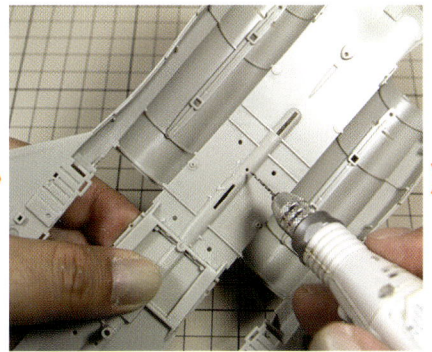

▲ 동체 하부의 무장 부착용 구멍을 드릴로 뚫는다.

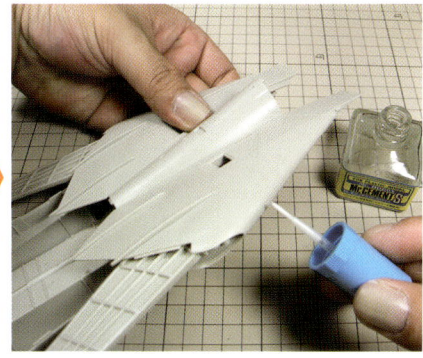

▲ 가장 눈에 띄는 글로브 옆면. 시멘트S를 흘려 넣어 녹은 플라스틱이 삐져나오도록 한다. 건조 후에는 접합면을 처리하고, 지워진 몰드는 나이프나 P 커터 등으로 살려낸다.

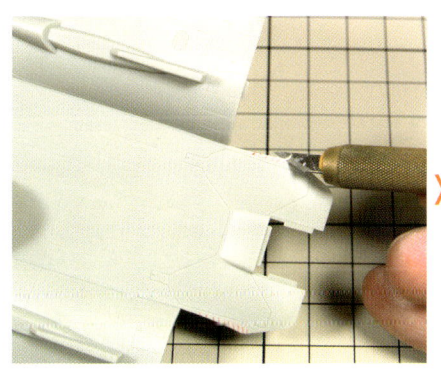

▲ 깜빡하기 쉬운 노즐 부분을 지시대로 약간 잘라낸다. 파츠의 컷 지시가 꽤 많으므로, 주의해서 확인하자.

▲ 동체 뒷부분도 접착한다. 내부의 지지용 기둥에도 접착제를 발라두면 튼튼한 동체를 완성할 수 있다.

▲ 클램프를 이용해 접착면을 조정하면서, 충분 이상으로 튼튼하게 접착한다.

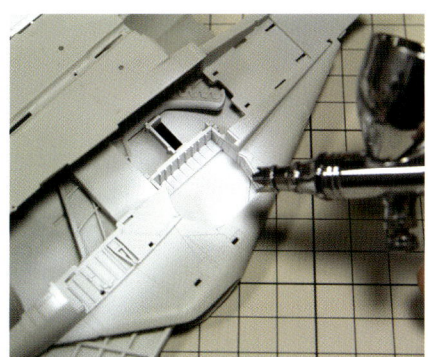

▲ 각 랜딩 기어 베이를 도색한다. Mr.서페이서 1200으로 밑색을 칠한 다음, 화이트로 꼼꼼하게 도색한다.

이 키트의 어필 포인트
부품 안쪽에도 세심한 배려가?!

기체의 좌우는 대칭이지만, 개중에는 비슷한 형상의 파츠가 다수 존재한다. 특히 에어 인테이크와 수직 꼬리날개는 거의 같은 형상이기에 실수하면 복구하기가 쉽지 않은 경우도 많다. 그런 실수를 방지하고자, 미리 안쪽에 L/R 또는 파츠 번호를 각인하는 대책을 세워둔 것이다. 게다가 주 날개의 전개를 위한 교환 파츠에는 각각의 기체 실루엣까지 넣어, 좀 과잉 친절이 아닌가 싶을 정도의 배려가 이루어져 있다.

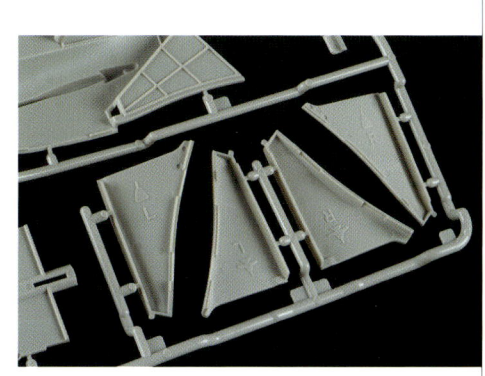

15

에어 인테이크 조립

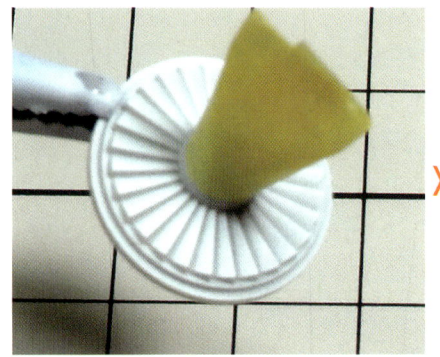
▲ 엔진의 압축기 팬 파츠. 전체를 화이트로 도색한 후, 중앙의 콘을 마스킹한다.

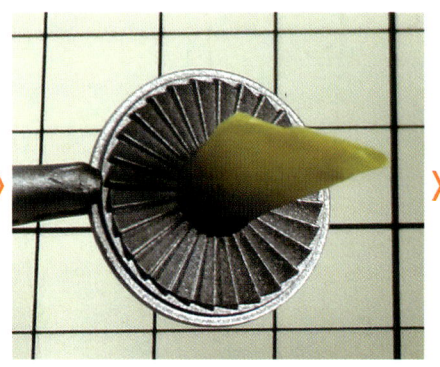
▲ 다시 한 번 팬 블레이드 부분을 흑철색 Gun Metal과 소철색 Burnt Iron을 이용해 입체감이 들도록 칠한다.

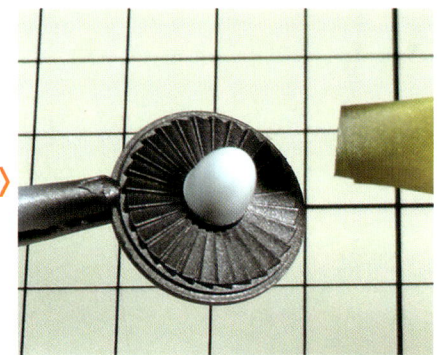
▲ 마스킹을 제거하면 콘 부분만 화이트로 칠해진 것을 알 수 있다.

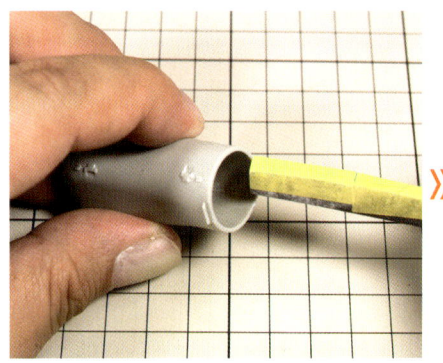
▲ 인테이크 덕트 안쪽은 접합선 처리가 어렵다. 둥글게 만 스펀지 사포를 넣어 갈아낸다.

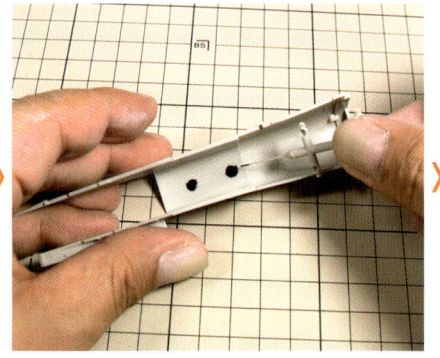
▲ 에어 인테이크 파츠 안쪽에는 밀핀 자국이 남아 있으므로, 검은 순간접착제 MXBON B-684를 발라 메운다.

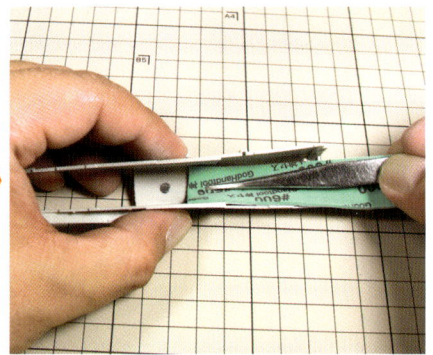
▲ 600번 스펀지 사포로 문질러 모양을 잡는다. 손가락이 들어가지 않으므로, 핀셋을 이용해 문지른다.

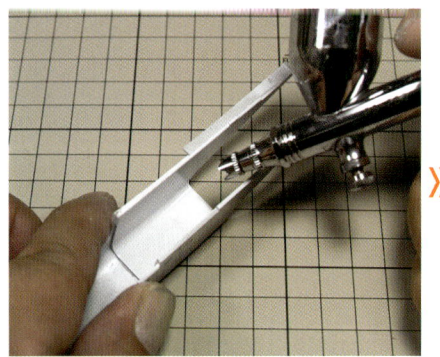
▲ 인테이크 내부도 화이트로 칠한다.

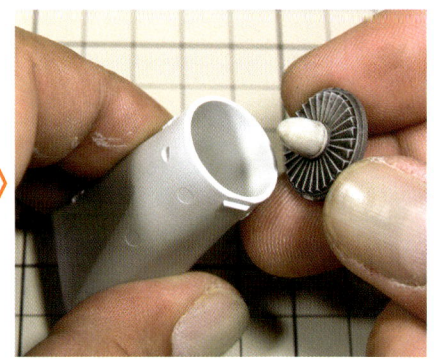
▲ 웨더링 마스터로 내부에 적당히 오염 표현을 한 뒤, 마찬가지로 웨더링을 넣은 팬 파츠를 접착한다.

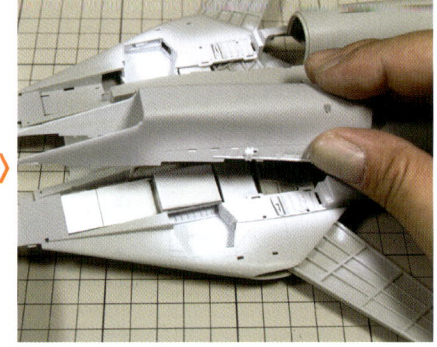
▲ 인테이크를 조립한다. 내부가 확실하게 흰색으로 칠해져 있는지 체크한 후 접착한다.

▲ 무수지 접착제를 각 부위에 흘려 넣고, 고정용 클램프를 이용해 확실하게 밀착시킨다.

이 키트의 어필 포인트
인테이크의 일체감도 발군!

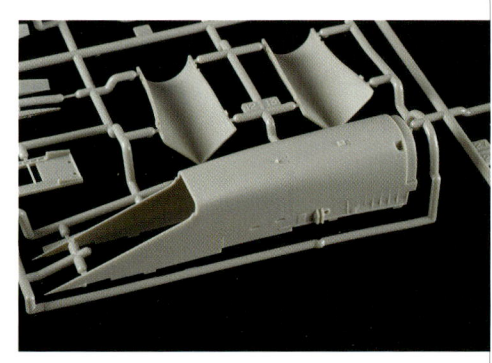

1/48 스케일 중에서도 대형 기체인 F-14. 날개나 동체, 기수도 그렇지만 인테이크 파츠는 좀 유별나게 큰 편. 날카로운 앞부분으로 시작해 사각형에서 둥그스름하게 변하는 바디. 제트기는 이 부분으로 공기를 빨아들이고, 원통형 엔진으로 나는 법으로, 이런 일체감은 이 F-14에서도 중요한 것이다. 슬라이드 금형으로 랜딩 기어 베이 안쪽까지 디테일이 또렷하게 몰드된 것도 훌륭하다.

기수 / 엔진 노즐 부착 / 주익 조립

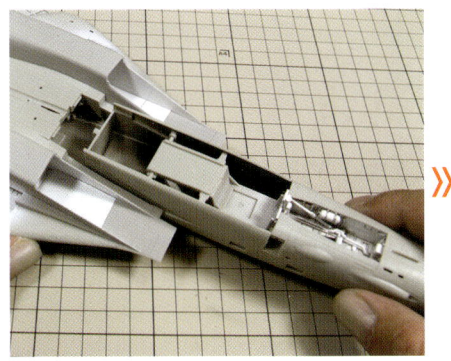

▲ 기수에 동체를 끼워 접착한다. 그 후 아래 면 중앙부 (D-17번 파츠)를 접착할 때는 미사일 부착하는 구멍을 잊지 말도록 하자.

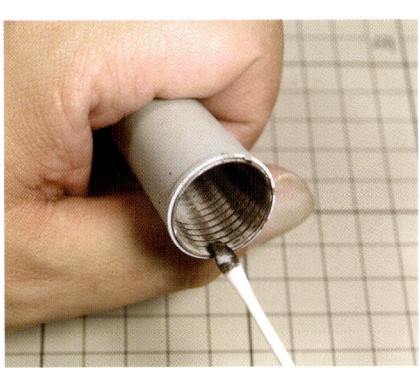

▲ 노즐 안쪽은 흰색으로 칠한 후, 패널 악센트 컬러 다크 브라운을 진하게 칠한다. 실제로는 줄무늬 모양이므로, 면봉을 상하로 움직여 여분의 다크 브라운을 닦아낸다.

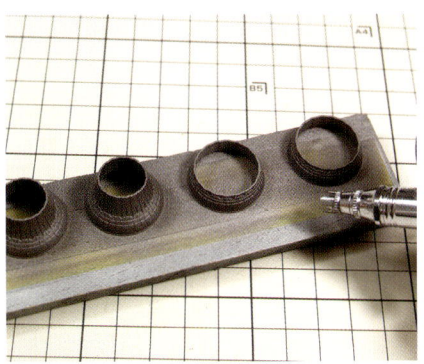

▲ 마스킹 테이프를 붙인 판에 노즐 파츠를 붙이고, 꼼꼼하게 칠한다.

▲ 면과 면의 색조를 바꾸기 위해 실버를 이용해 드라이브러싱을 하고, 패널 악센트 컬러 다크 브라운으로 오염 표현을 좀 더 넣어주었다.

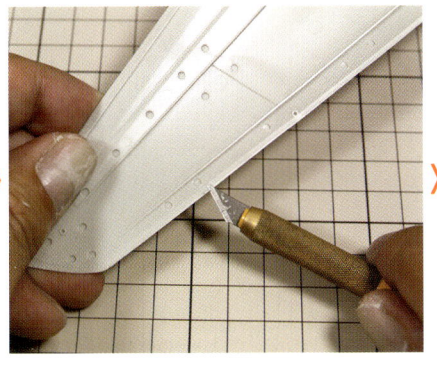

▲ 접착면에 여분의 게이트가 있으므로, 수평이 되도록 나이프로 게이트를 처리한다. 너무 깎아내지 않도록 주의할 것.

▲ 붙이는 면적이 긴 파츠는 타미야 시멘트를 발라두면 무수지 접착제의 사용량을 줄일 수 있다.

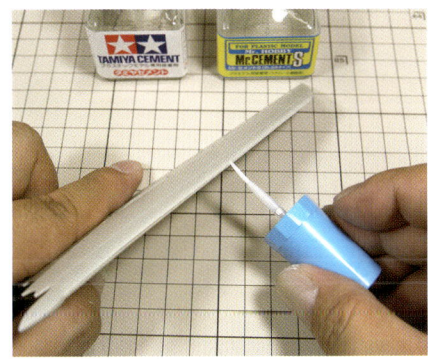

▲ 접착 후에 Mr.시멘트S를 바르고, 녹은 플라스틱이 살짝 삐져나오도록 밀착하여 건조.

이 키트의 어필 포인트
엔진 노즐은 선택 가능

기체 뒷부분에서 추진력 조절에 사용되는 노즐. 전개시킨 상태와 오므린 상태를 선택할 수 있다. 발함 시나 애프터버너 가동 시에는 전개되며, 통상 비행 시에는 오므린 상태가 된다. 오므린 상태의 노즐은 안쪽 판도 몰드되어 있어 외부의 몰드와 딱 맞는 조형인 것도 좋은 볼거리. 참고로 설명서나 완성 견본을 보면, 한 쪽은 전개, 다른 쪽은 오므리 버전으로 되어 있는데, 실제 기체도 종종 이런 상태로 주기된 것을 볼 수 있다.

▲ 삐져나온 플라스틱을 나이프로 제거 후, 줄과 사포로 접합선을 처리. 지워진 몰드는 P커터 등으로 다시 새겨주자.

이 키트의 어필 포인트
3단계의 강약으로 말하는 날개 표면의 패널라인

날개 표면에는 다수의 패널라인이 있는데, 잘 봐주었으면 한다. 얇은 패널라인과 좀 더 강한 패널라인, 그리고 골짜기라고 불러야 할 것만 같은 깊은 디테일의 3종류가 있다. 이것은 그 라인이 정비 및 관리용 패널인지, 아니면 기체를 움직이는 날개의 경계선인지… 등 각각의 목적을 파악한 후 몰드로 넣은 패널라인이다. 되는 대로 한 가지 모양으로 새긴 패널라인과는 그야말로 의식 자체가 다르다. 이런 부분에서도 굉장함을 볼 수 있다.

전후 랜딩 기어의 조립

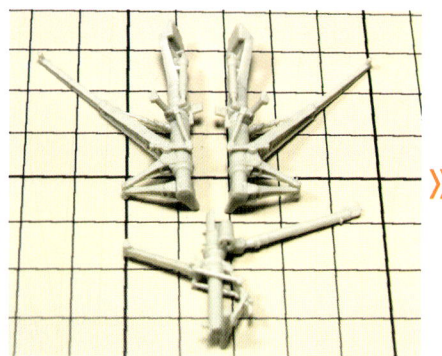

▲ 전후 랜딩 기어는 그대로 조립하게 되어 있다. 디테일을 추가하고 싶은 사람은 파이핑을 하는 것도 좋을 것이다.

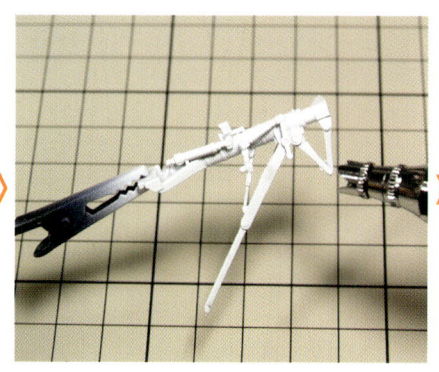

▲ 전방 랜딩 기어 베이와 마찬가지로, 먹선에 대비해 서페이서 1200으로 밑색을 칠한 다음 화이트로 도색한다.

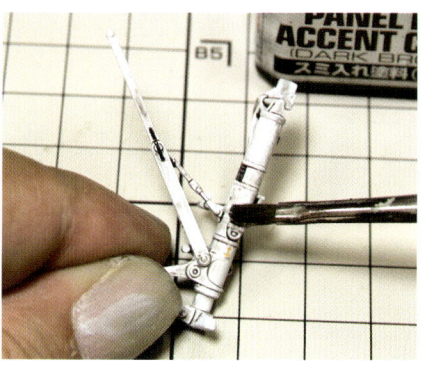

▲ 랜딩 기어 부분도 먹선을 넣고 건조한 후 면봉으로 닦아낸다. 그리고 치핑으로 도색 박리나 오염 표현을 넣어주자.

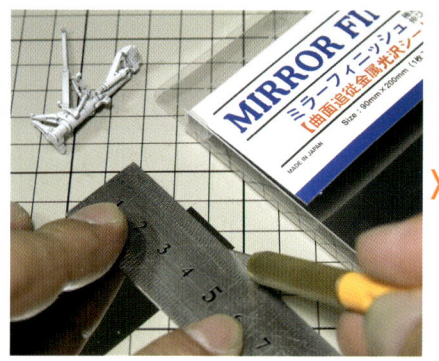

▲ 유압 장치 부분은 하세가와의 미러 피니시를 붙인다. 시트를 유압 장치와 같은 폭으로 잘라낸다.

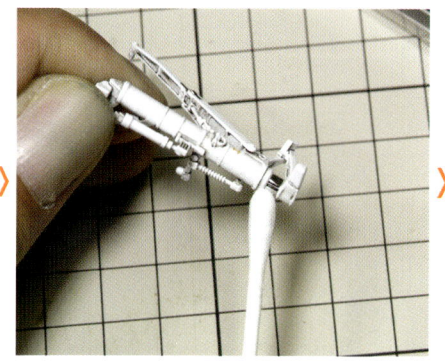

▲ 적절한 길이로 자른 후, 유압 장치에 붙인다. 주름이나 상처가 생기지 않도록 면봉으로 꼼꼼하게 밀착시킨다.

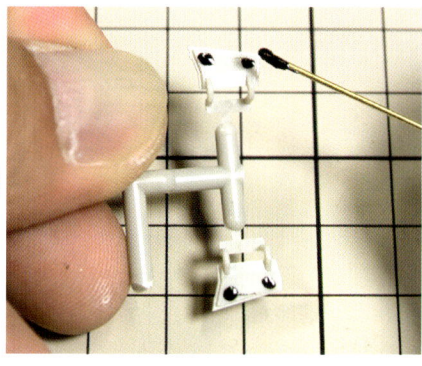

▲ 핀의 흔적에는 검은 순간접착제를 찍어 발라 메운다. 순간접착제를 퍼티 대신으로 쓸 때는 경화 스프레이가 필수.

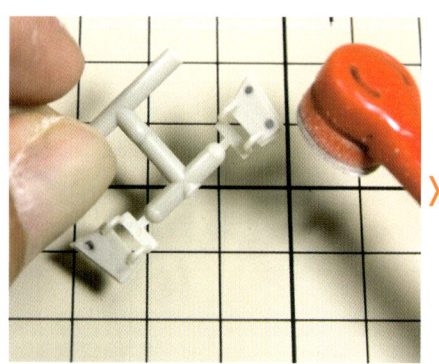

▲ 건조 후에는 폴리셔나 줄을 이용해 평탄하게 만든다. 검은 순간접착제를 사용했을 경우에는 진행 상태를 쉽게 알 수 있다는 점이 장점.

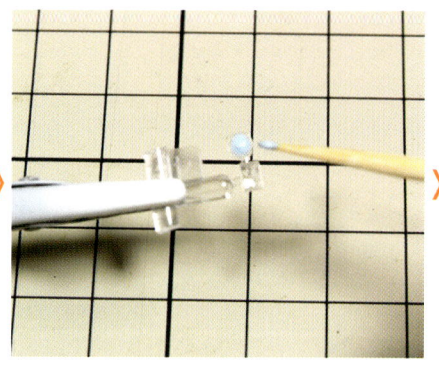

▲ 전방 랜딩 기어에 다는 착륙등은 클리어 파츠가 따로 준비되어 있다. 먼저 렌즈 부분을 마스킹 졸로 마스킹하자.

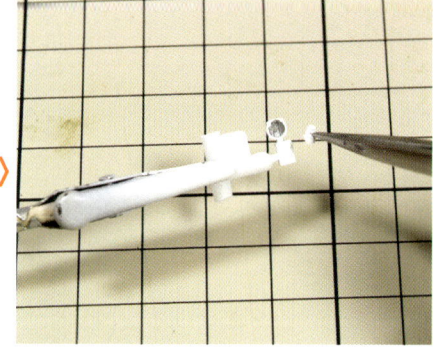

▲ 실버, 화이트를 겹쳐 칠한 후 마스킹을 벗겨내면 실제 라이트처럼 완성할 수 있다.

▲ 타이어를 붙인 전방 랜딩 기어에 착륙등을 붙인다. 물론 유압 장치에는 미러 피니시를 붙여주었다.

이 키트의 어필 포인트
해군기는 역시 랜딩 기어가 생명!!

1/48 사이즈 정도 되면 항상 문제가 되는 것이 랜딩 기어의 강도이다. 원래 함재기는 착함 시의 충격에 대비하기 위해 강도가 높은 구조로 되어 있으나, 이번에는 메인 파츠 축에 외피를 붙이고, 크랭크 형태로 분할하여 접착 면적을 늘리는 등 만전을 기했다.

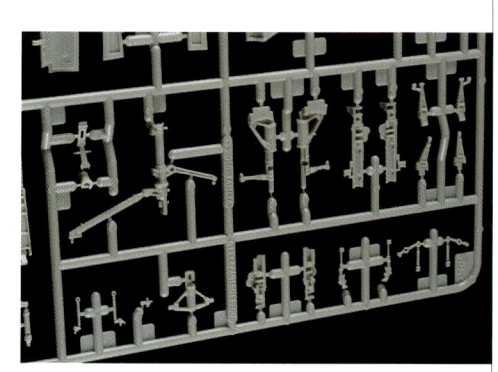

타이어 조립

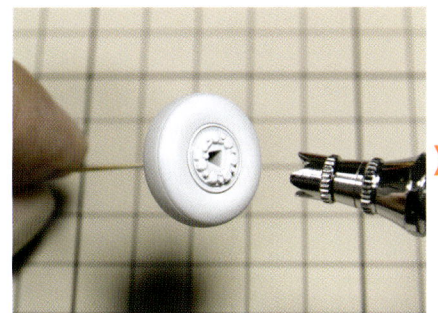
▲ 랜딩 기어의 휠은 좌우로 붙이는 형식이라 접합면 처리도 거의 필요 없다. 허브 부분을 화이트로 칠한다.

▲ 건조 후 마스킹 테이프를 붙이고, 허브 경계를 문지른 후 잘 드는 나이프로 잘라낸다.

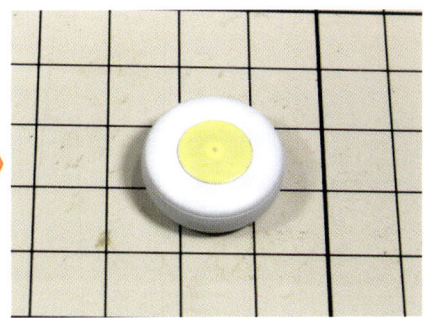
▲ 허브 마스킹 완료. 원형으로 된 마스킹 테이프를 붙여도 되지만, 이쪽이 간단하고 크기도 잘 맞는다.

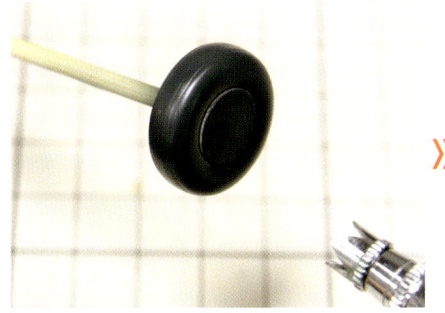
▲ 휠 전체를 타이어 블랙으로 칠한다. 톰캣은 함재기이기 때문에, 타이어 부분은 비교적 깨끗하다.

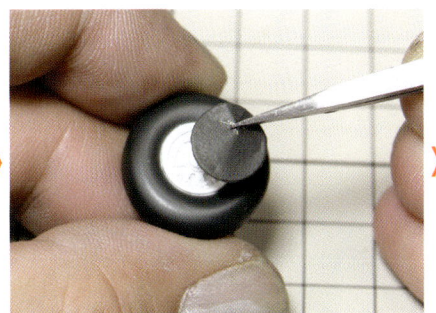
▲ 타이어와 허브 도색 분할 완료. 만약 잘못 칠해진 부분이 있다면 붓으로 터치해 마무리하자.

▲ 허브 부분에 패널라인 악센트를 흘려 넣어 웨더링. 안쪽의 브레이크 패드 부분은 특히 오염이 많이 남는다.

랜딩 기어 커버의 조립

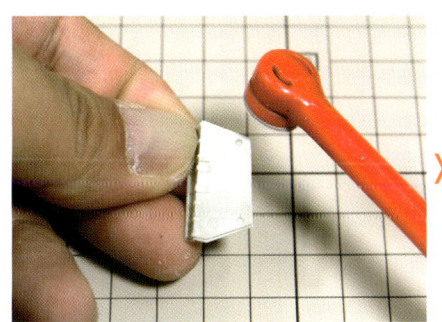
▲ 전방 랜딩 기어 커버 안쪽에는 밀핀 자국이 남아 있다. 폴리셔 등으로 꼼꼼하게 처리해 두자.

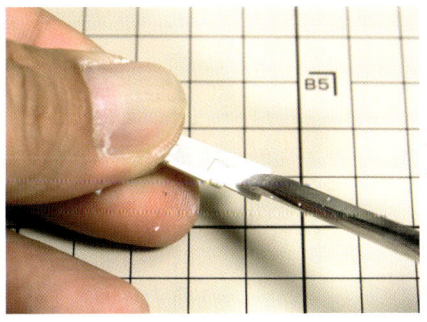
▲ 몰드 안쪽에 있어 처리하기 어려운 밀핀 자국은 얇은 끌 등으로 긁어내자.

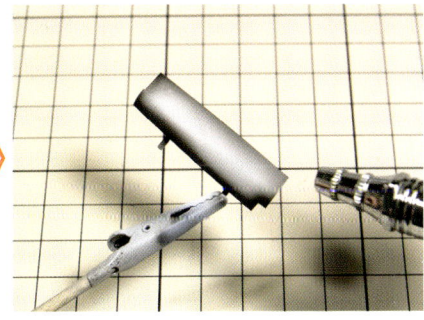
▲ 랜딩 기어 커버는 기체와 별도로 도색한다. 우선 에지 부분에 블랙으로 경계선을 그리듯이 음영을 넣어 준다.

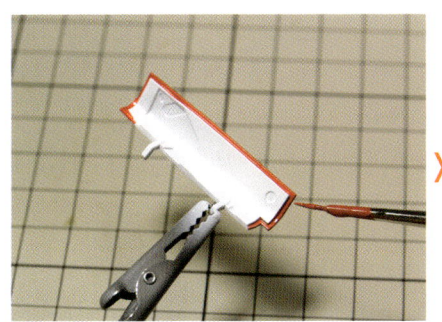
▲ 안쪽을 화이트로 칠한 후, 세필을 사용하여 가장자리를 인시그니아 레드로 칠한다.

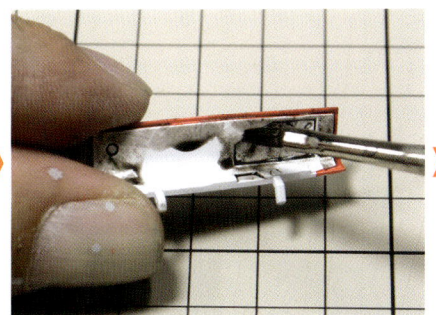
▲ 안쪽에 패널라인 악센트를 흘려 넣어 몰드를 강조한다.

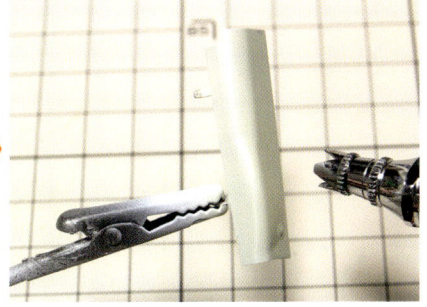
▲ 마지막으로 바깥쪽을 기체색으로 칠한다. 동체 상면과 하면색으로 나뉘는 부분도 있으므로 도면을 잘 확인할 것.

수평 꼬리날개 / 수직 꼬리날개 조립

▲ 대형 파츠는 파츠보다 약 0.5mm 정도 앞에서 자른다. 게이트는 줄로 깔끔하게 처리한다.

▲ 도색 후 그대로 완성할 수 있는 파츠를 파악한 뒤, 좌우 양쪽 모두 붙일 수 있는 파츠는 미리 팍팍 접착해 두도록 하자.

▲ 맞붙인 파츠는 클립을 이용해 확실하게 접착한다. 건조된 후에는 클립을 빼고 도색을 준비한다.

파일런 조립

 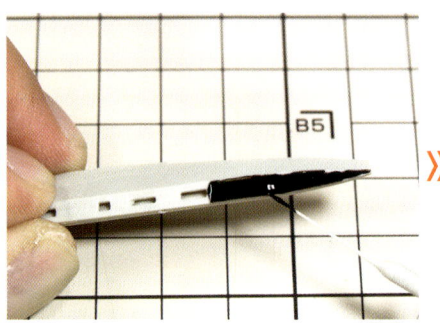 

▲ 윙 글러브 아래에 부착하는 파일런은 조립한다. 지우를 붙이는 타입이기 때문에, 아래쪽에 약간 굴곡이 생긴다.

▲ 틈과 굴곡에 깊은 순간접착제를 흘려 넣는다. 순간접착제를 바를 경우에는 런너 끝 부분 등을 사용하는 것이 좋다.

▲ 술로 평평하게 갈아서 완성한다. 순간접착제를 쓰면 퍼티를 쓰는 것보다 빠르게 작업할 수 있다.

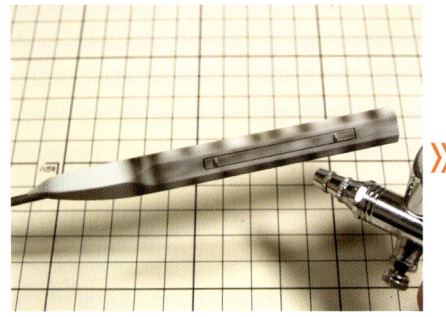 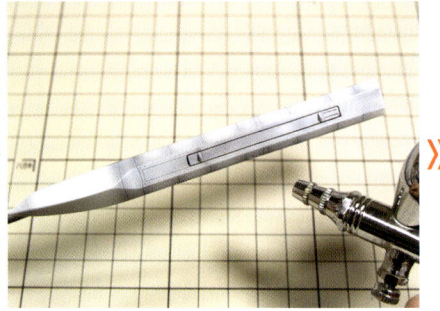 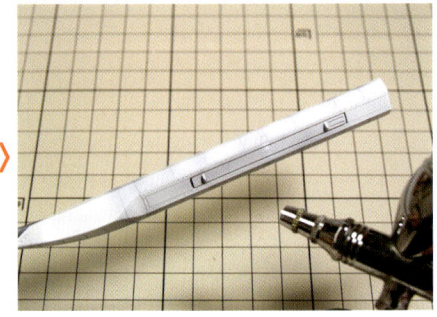

▲ 피닉스 미사일용 파렛트는 조립이 끝나면 블랙으로 음영을 넣어준다.

▲ 바탕색인 화이트를 도색. 전체에 도막이 얇게 형성되도록, 몇 번에 걸쳐 얇게 칠해준다.

▲ 화이트는 본래의 바탕을 가리는 힘은 약하지만, 두껍게 칠하지 않도록 꼼꼼하게 도색해야 한다.

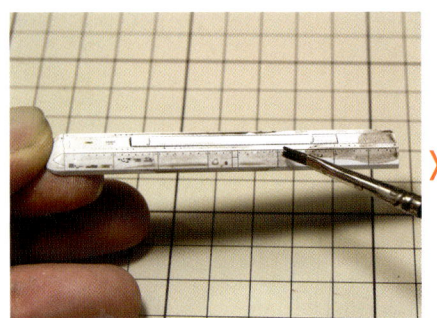 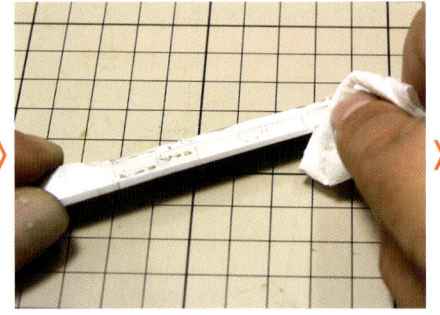 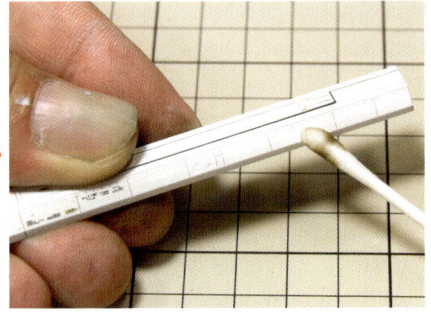

▲ 도색이 끝나면 전체에 패널라인 악센트를 칠한다.

▲ 티슈에 에나멜 신너를 묻혀 대충 닦아낸다. 화이트가 어느 정도 안정적인 색조가 된다.

▲ 계속해서 닦아내는 모습. 실기에서 오염이 번져나가는 방향을 의식하며 닦아내어 웨더링 효과를 노리고 있다.

미사일, 보조 연료 탱크 조립

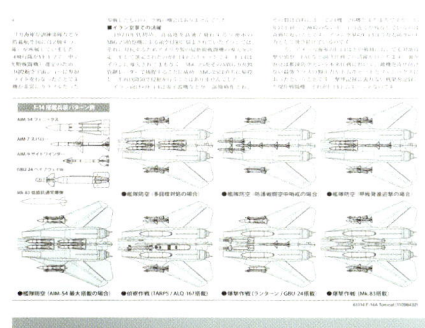

▲ 먼저 해설서의 'F-14 탑재 무장 패턴 예'를 보고 탑재할 미사일을 결정한다. 이번에는 함대 방공(다목표 대처) 패턴으로 선택했다.

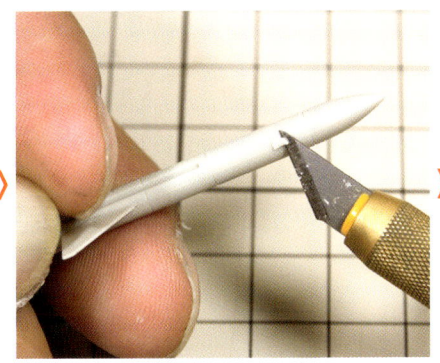

▲ 무장 패턴을 결정했다면 필요한 수의 미사일 파츠를 잘라낸다. 나이프로 게이트와 파팅 라인을 처리한다.

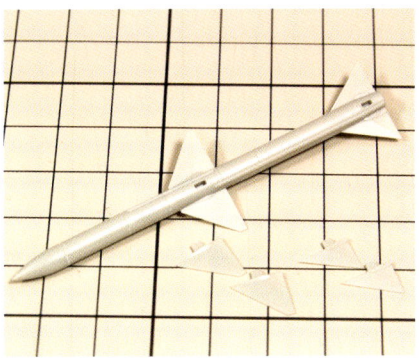

▲ AIM-7 스패로우의 주요 파츠. 앞뒤의 핀 중 일부가 별도 파츠로 분할되어 있다.

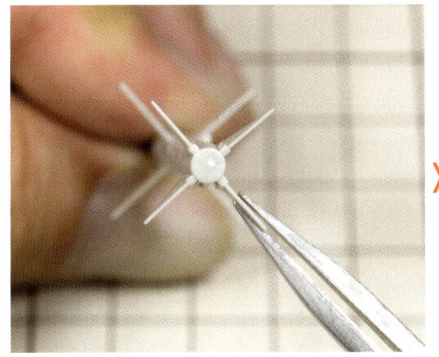

▲ 핀을 미사일 본체에 접착. 미사일과 부품 하나로 성형된 핀과 직각이 되도록 주의해서 붙일 것.

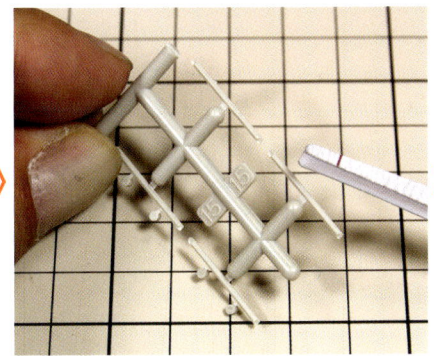

▲ 측면에 붙일 2개의 리브는 한쪽을 런너에 붙인 채로 게이트를 처리하면 취급하기 편하다.

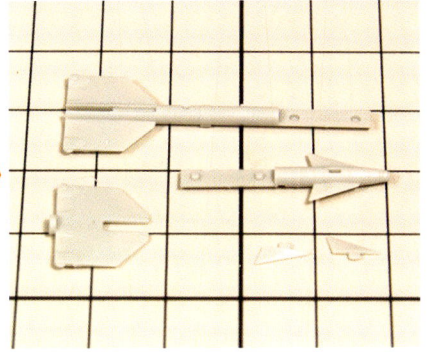

▲ AIM-9 사이드와인더는 본체가 앞뒤로 분할되어 있다. 후방의 핀은 뒤에서 꽂도록 되어 있다.

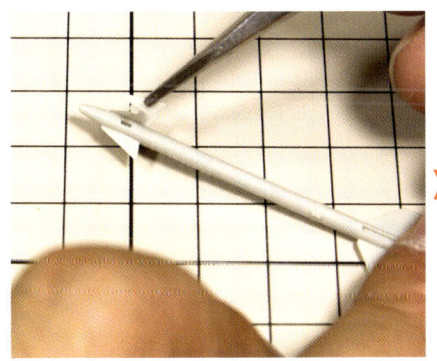

▲ 본체 앞뒤를 접착한 후, 앞쪽 핀을 접착. 이 부분은 항상 수평 수직을 의식하고 접착하자.

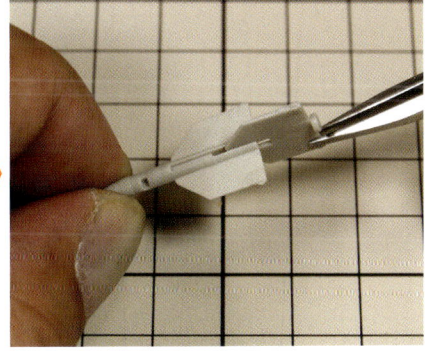

▲ 뒤쪽 핀 파츠를 본체 홈에 끼워 넣는다. 이 시점에서는 아직 접착제를 바르지 않는다.

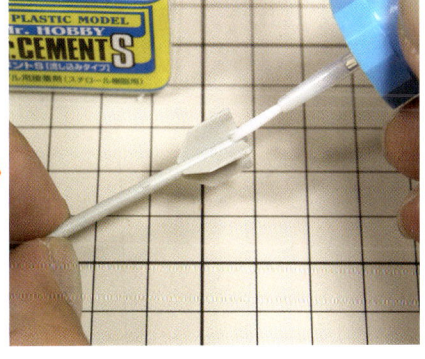

▲ 핀이 수직이 되었는지를 확인하면서 무수지 접착제를 흘려 넣어 고정한다.

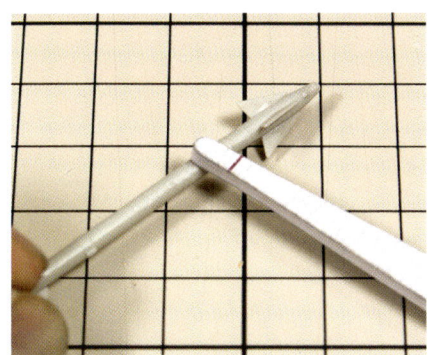

▲ 접착제가 완전히 건조되면 접착한 본체의 연결 부분을 내수 사포 등으로 평평하게 처리해 두자.

이 키트의 어필 포인트
집결, 하늘을 나는 기사의 장검

F-14A가 장비하는 거의 대부분의 미사일을 망라한 런너도 부속된다. 여기에도 피닉스 미사일의 동체 부분 외피가 분할되어 있으며, AIM-54C에 끼우는 파츠의 여분 부품도 포함되어 있다. 뭘 좀 아는 런너다. 사이드와인더도 마찬가지. 시커의 형태가 다른 타입이 부속되어 있다. 또, 부품끼리 끼우는 부분이 깊게 설정되어 있어 밀착하기 쉽고 수직 정렬을 하기 쉬운 형태로 되어 있는 등, 세세한 부분까지 조립하기 쉽도록 배려되어 있다.

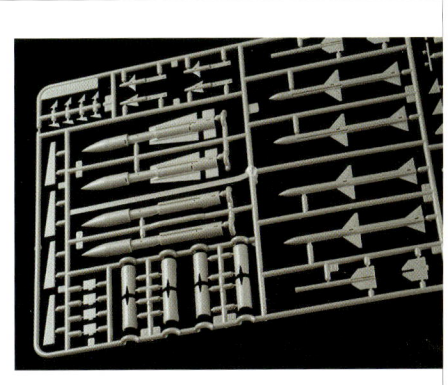

미사일, 보조 연료 탱크 조립

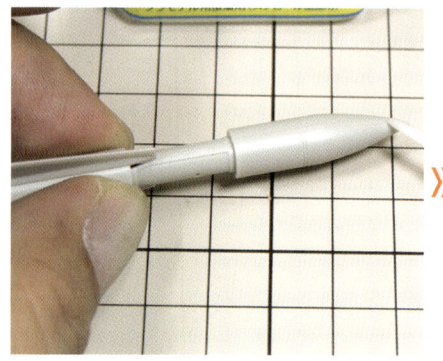

▲ 대형 미사일인 AIM-54 피닉스는 좌우를 붙이는 형식. 굴곡이나 틈이 생기지 않도록 확실하게 접착하자.

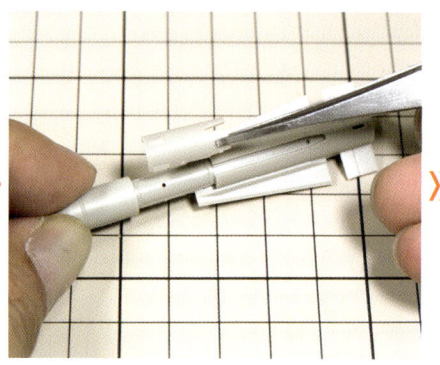

▲ 중앙부에 여분 파츠를 사용하면 C형으로도 만들 수 있다. 이번에는 물론 지시대로 A형으로 조립했다.

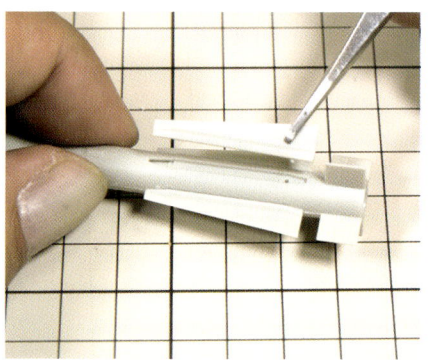

▲ 핀 부착. 파츠에 조립하기 위한 암핀과 숫핀이 분명히 존재하기에, 확실하게 접착할 수 있다.

▲ 보조 연료 탱크와 파일런 등은 접착한 후 클립에 끼워 확실하게 고정한다.

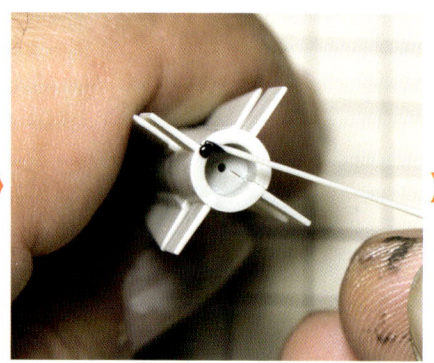

▲ AIM-54 피닉스는 노즐 부분의 틈이 도드라지므로, 검은 순간접착제로 메워 처리한다.

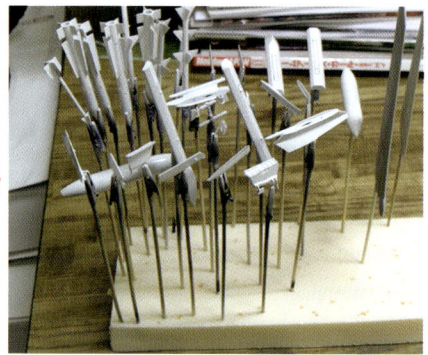

▲ 각 무장을 도색한다. 도색집게에 물려 도색한 다음, 발포 우레탄 등에 꽂아 건조시킨다.

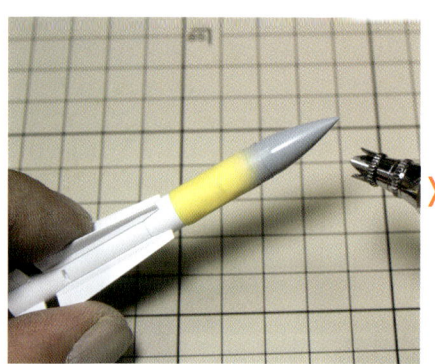

▲ AIM-54 피닉스는 화이트로 전체를 칠한 후, 앞부분은 기체 상면과 동일한 그레이로 칠한다.

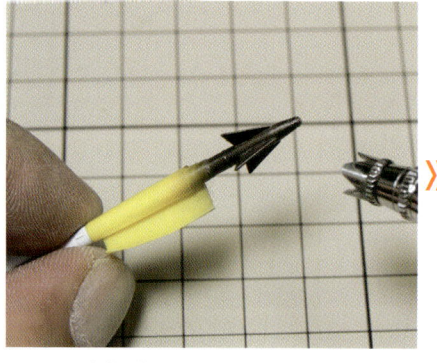

▲ AIM-9 사이드와인더도 화이트로 전체를 칠한 후, 앞부분을 마스킹해 흑철색으로 칠한다.

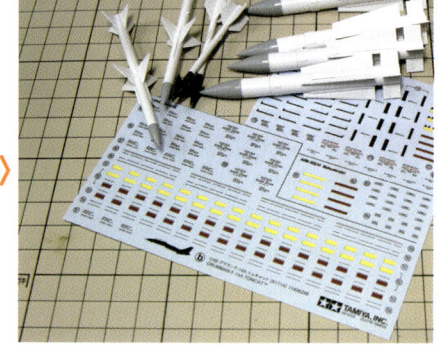

▲ 도색이 끝났다면 데칼을 붙인다. 미사일마다 상당한 숫자가 준비되어 있으므로, 인내심을 가지고 작업하자.

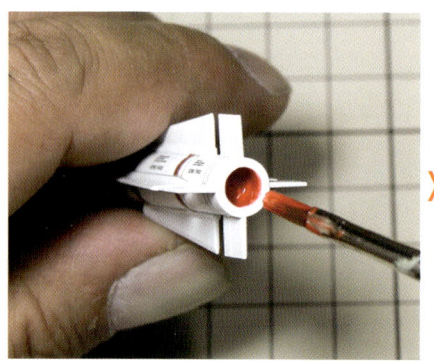

▲ AIM-54 피닉스의 노즐 내부는 레드로 칠한다.

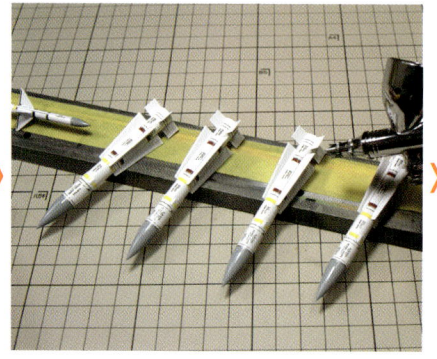

▲ 데칼을 붙이고 충분히 건조되었다면, 정착 및 표면 보호를 위해 전체에 클리어를 뿌린다.

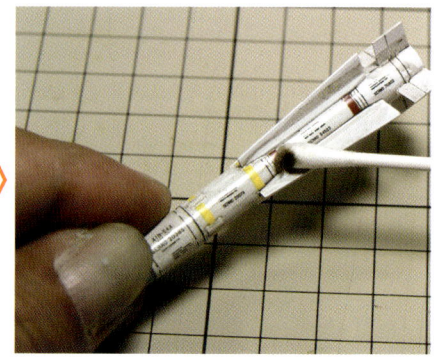

▲ 패널라인 악센트를 전체에 칠하고 닦아낸다. 웨더링을 실시함과 동시에 동체 및 파일런과 색조와 맞춰준다.

사출 좌석 조립

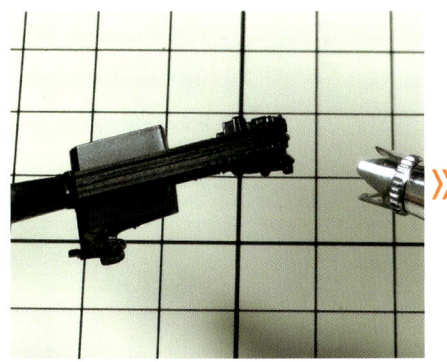
▲ 사출 좌석은 도색하는 단위로 조립한다. 시트는 좌우 파츠를 붙인 상태로 반광 블랙으로 도색한다.

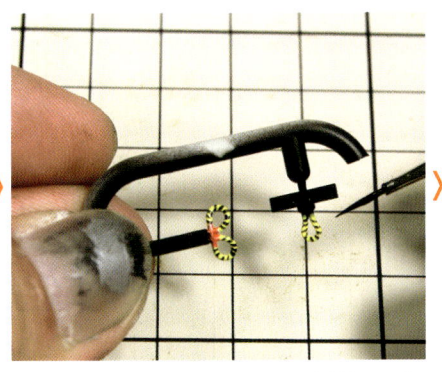
▲ 검정과 노란색 무늬가 들어간 링은 런너에 붙은 그대로 도색하는 것이 작업하기 수월하다.

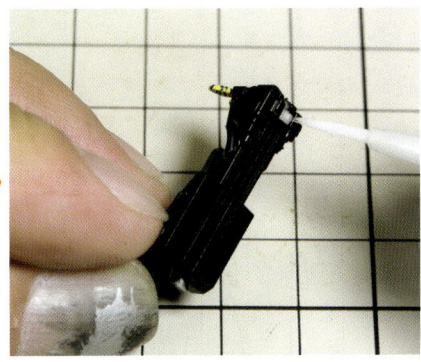
▲ 상부 링을 시트에 접착. 도료가 벗겨진 부분은 붓으로 적당히 칠해준다.

▲ 쿠션 부분은 따로 칠한다. 판 위에 붙인 상태로 버프Buff를 에어브러시로 칠한다.

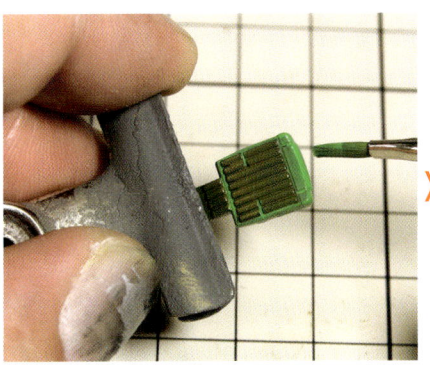
▲ 세부는 붓으로 구별해 칠한다. 색이 조금 번진다 해도, 나중에 먹선 작업을 하면 눈에 띄지 않게 된다.

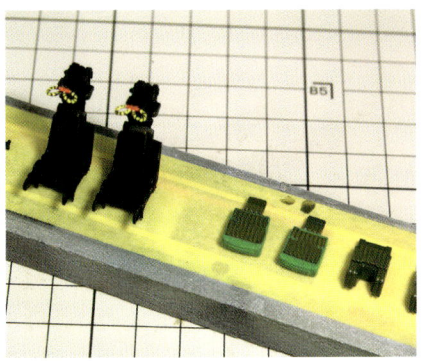
▲ 에어브러시와 붓을 병용해 도색을 완료한 사출 좌석 파츠

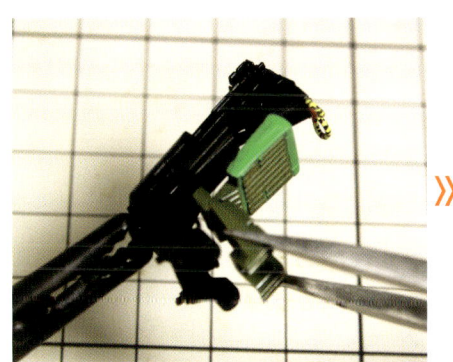
▲ 이제부터는 파츠를 조립해 나간다. 시트에 쿠션을 부착한다.

▲ 조립이 끝나면 패널라인 악센트로 먹선을 넣는다.

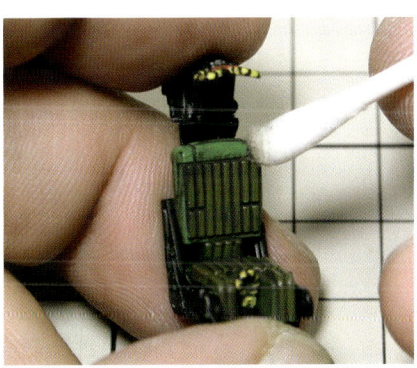
▲ 면봉으로 닦아낸다. 닦아내는 정도를 조절하면 색이 번진 부분도 어느 정도는 커버할 수 있다.

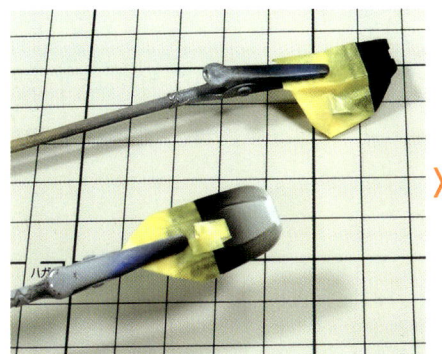
▲ 콕피트 앞뒤의 실드는 무광 블랙으로 칠한 후 마스킹을 하고 천 부분을 칠한다.

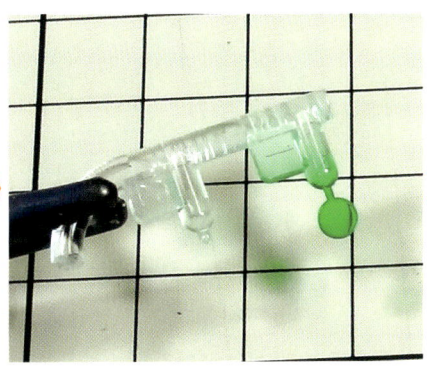
▲ 앞쪽 실드에 장비된 HUD 렌즈는 클리어 파츠로 준비되어 있다. 안쪽을 클리어 그린으로 칠한다.

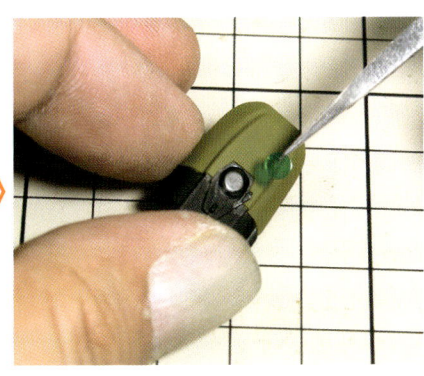
▲ 플라스틱용 접착제의 경우, 클리어 파츠가 부옇게 흐려질 수 있으므로 여기서는 목공 본드로 고정하는 것을 추천.

파일럿 조립

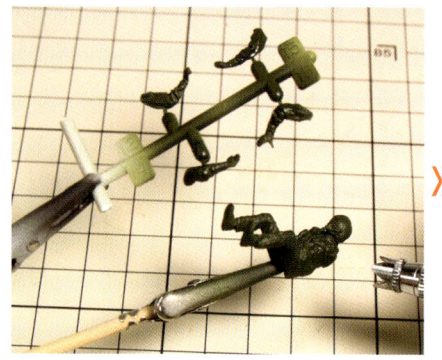
▲ 파일럿 피규어는 파팅라인을 제거하고 동체와 머리를 접착한다. 팔은 런너에 붙인 채로 도색한다.

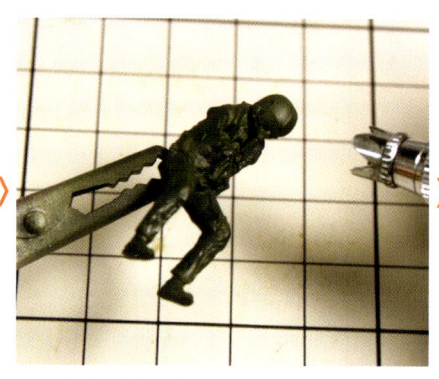
▲ 우선 기본색인 올리브 드래브를 에어브러시로 전체에 칠한다.

▲ 헬멧 등은 붓으로. 그 후 음영을 주기 위해 흰색과 검은 색을 섞어 옷의 주름이 나온 곳은 밝은 색, 깊이 파인 부분은 어두운 색으로 칠하고 먹선을 넣어준다.

▲ 옷의 깊이 패인 부분에는 기본색에 블랙을 섞은 어두운 색을 칠한다.

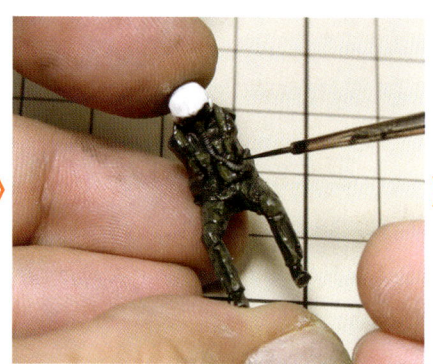
▲ 그리고 옷의 몰드를 따라서 극세 면상필로 먹선을 넣는다.

▲ 기본색에 화이트를 섞어 옷주름이 튀어나온 부분에 밝은 색으로 드라이 브러싱해 음영을 강조한다.

▲ 마찬가지로 완성한 팔 파츠를 떼어내 접착한다. 요철을 잘 맞춰 접착하면 확실하게 자세가 잡힌다.

▲ 졸리 로저스의 경우, 헬멧은 옐로우로 칠한다. 화이트로 밑색을 칠해두었기 때문에 발색은 양호하다.

▲ 이 키트에는 헬멧에 붙이는 데칼도 준비되어 있다. 마크 소프터 등을 함께 사용해 붙인다.

▲ 면봉으로 물기를 제거한다. 작지만 눈에 띄는 부분이므로 확실하게 붙이도록 하자.

이 키트의 어필 포인트
파일럿은 3D의 산물

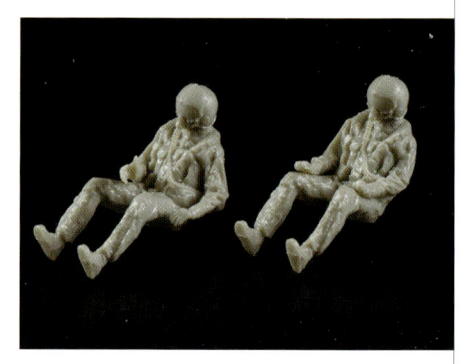

항공사(에이비에이터) 피규어는 앞좌석과 뒷좌석 각각의 포즈로 입체화되었다. 이런 피규어는 실제 인간과 장비를 재현해 3D 스캔한 후 데이터화한 것이다. 이미 1/35 밀리터리 미니어처 시리즈에서는 친숙한 기술로, 진짜 같은 주름과 조형이 시트에 딱 맞는 쾌감은 꼭 한 번 맛보았으면 한다. 팔과 동체 등 파츠끼리의 결합도 훌륭하다!

캐노피 조립

▲ 파츠 성형 공법 상의 문제로 나타나는 캐노피 위쪽의 파팅라인을 줄로 갈아낸다.

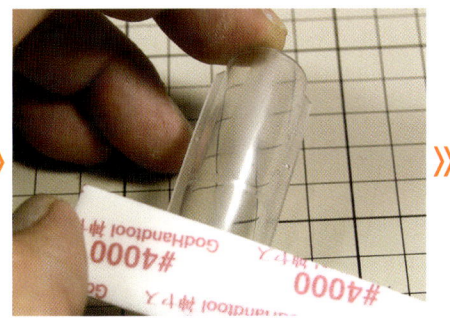

▲ 갈아낸 부분의 투명도를 회복하기 위해, 800번부터 조금씩 번호를 올리며 문지른다.

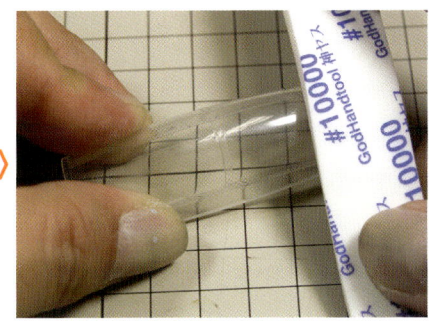

▲ 이번에는 연마용 스펀지 사포 '갓핸드 신 야스ゴッドハンド 神ヤス' 4000번~10000번을 사용했다.

▲ 마지막 마무리는 Mr. 컴파운드 극세Mr.コンパウンド極細로 문지른다. 이것으로 원래대로 투명하게 만들 수 있다.

이 키트의 어필 포인트
고맙게도 마스킹 시트가 포함되어 있다

항공기 모형 작업을 가로막는 거대한 벽 중 하나가 캐노피 마스킹이다. 일부 굉장히 어려운 프로펠러기에 비하면 제트기는 수고가 덜한 편이지만, 기꺼이 할 법한 작업이라고는 할 수 없다. 그렇기에 이런 마스킹 시트가 있는 것은 무척이나 고마운 일이다. 설명서에는 붙이는 순서는 물론, 방향까지 표시되어 있는 등, 친절하게 배려되어 있다.

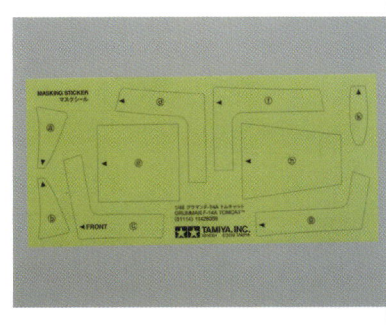

▲ 앞쪽 캐노피는 블루 부분을 도색. 마스킹 시트를 잘라 안쪽에 붙이고, 클리어 블루로 칠한다.

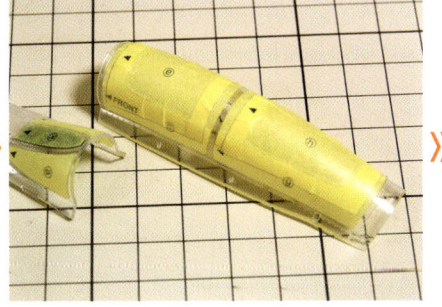

▲ 키트에 부속된 마스킹 시트를 떼어 내 캐노피에 붙인다.

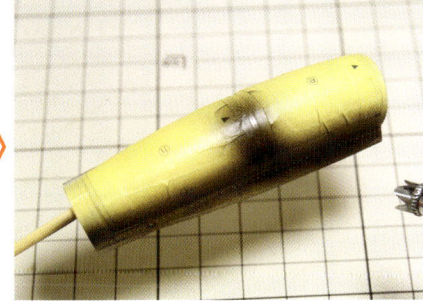

▲ 캐노피 안쪽까지 확실히 마스킹 처리를 한 뒤, 도색을 실시한다.

에어백 / 실링 패널 부착

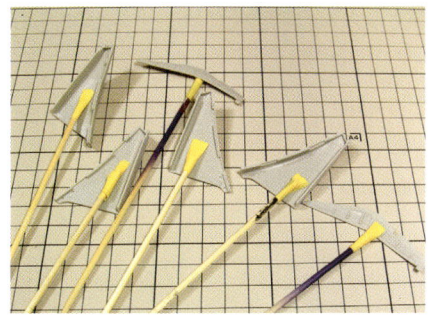

▲ 에어백, 실링 패널 모두 각각 도색해 둔다. 안쪽에 각인이 있으므로 잘못 끼울 걱정은 없다.

이 키트의 어필 포인트
개폐 모두 날개에 딱!

F-14에 가장 강한 캐릭터성을 부여하는 가변익. 실물은 날개만이 아니라 동체 쪽의 에어백과 실링 패널도 가동하며, 날개의 움직임에 맞춰 동체와 틈이 생기지 않도록 움직인다. 그렇기에 에어백 쪽은 부푼 상태와 줄어든 상태, 실링 패널 쪽은 열린 상태와 닫힌 상태로 각각 2 패턴이 준비되어 있으며, 완성 후에도 교환이 가능하도록 되어 있다. 이런 파츠들이 훌륭한 정밀도로 딱 맞는 것이 이 키트의 무서운 점이다.

기체 도색

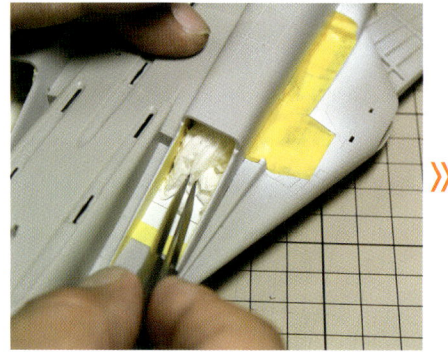
▲ 콕피트나 인테이크 등에 도료가 흘러들어가지 않도록, 안에 티슈를 채운 후 마스킹 테이프로 확실하게 막아준다.

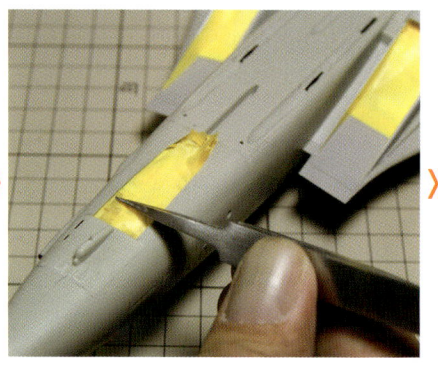
▲ 전방 랜딩 기어 베이도 확실하게 마스킹 처리해 도색에 대비한다.

▲ 주익과 꼬리날개 등의 패널라인을 따라 검은 음영을 칠한다.

▲ 수직 꼬리날개는 먼저 상부의 노란색을 칠한다. 그 후 마스킹을 하고 검은 부분을 칠한다.

▲ 수직 꼬리날개의 검은 부분을 마스킹 처리하고 은색을 칠한다. 은색은 도막이 약하기 때문에, 클리어도 얇게 칠해둔다.

▲ 패널라인 색 변화를 강조하기 위해 전체 패널라인을 따라 검게 음영을 칠한다.

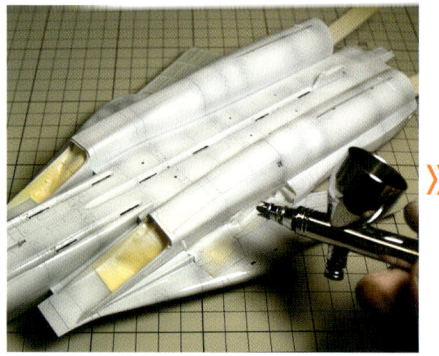
▲ 기체 하면색인 흰색을 칠한다. 도료는 얇게, 서서히 흰색을 얹는다는 느낌으로 칠해나간다.

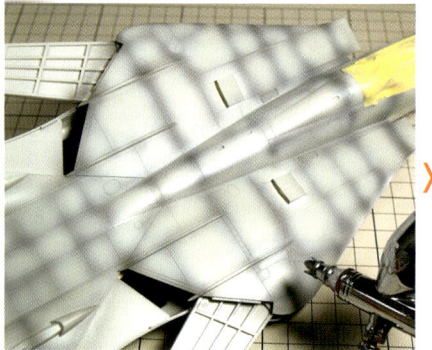
▲ 기체 상면색도 마찬가지로, 묽게 희석한 도료를 서서히 얹는다는 느낌으로 칠한다.

▲ 주익도 상면~하면을 칠하고, 건조 후에 마스킹을 하고 은색을 칠한다. 그 후 클리어로 코팅해 둔다.

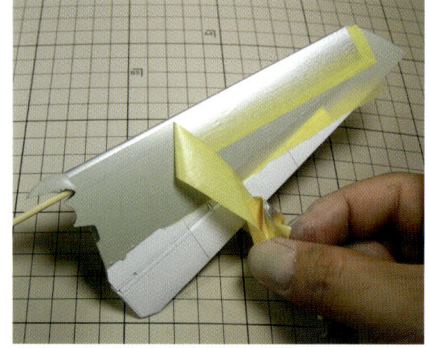
▲ 도색이 완료되면 마스킹을 제거한다.

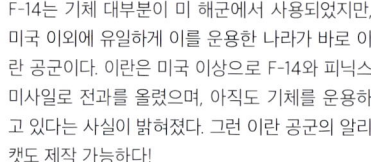

이 키트의 어필 포인트
이럴 수가! "현역" 이란 공군 사양까지?!

F-14는 기체 대부분이 미 해군에서 사용되었지만, 미국 이외에 유일하게 이를 운용한 나라가 바로 이란 공군이다. 이란은 미국 이상으로 F-14와 피닉스 미사일로 전과를 올렸으며, 아직도 기체를 운용하고 있다는 사실이 밝혀졌다. 그런 이란 공군의 알리캣도 제작 가능하다!

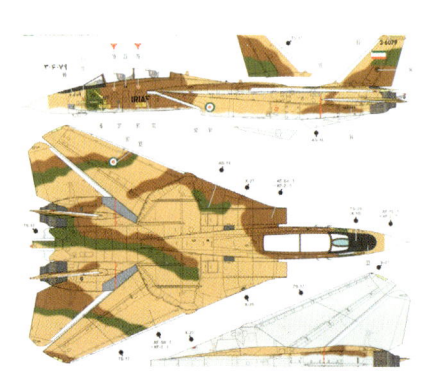

데칼 붙이기

▲ 마크 소프터로 데칼을 부드럽게 한 다음, 면봉으로 물기를 제거하면서 요철에 밀착시킨다.

▲ 각종 항공등은 신중하게 붓으로 칠한다.

▲ 이 부분은 데칼을 사용한다. 센터를 맞춰 붙이고, 마크 소프터를 이용해 잘 어울리게 붙인 후 면봉으로 가볍게 닦아낸다.

▲ 기수의 데칼은 패널에 맞추면 되므로 위치를 결정하기 쉽다. 마크 소프터를 바른 면봉을 빙글빙글 돌리거나 하여 수분을 제거한다.

이 키트의 어필 포인트

해골의 이빨까지 선명하게 인쇄되어 있다!

해군기 중에서는 1, 2위를 다툴 정도로 유명한 부대 졸리 로저스. 검은 글씨에 해골 마크라 그야말로 해적기처럼 보이는 의장인데, 이번에는 그 마킹을 습식 데칼로 완벽하게 재현했다. 검은색이 드러나지 않고 깔끔하게 흰색으로 보인다. 또, 미사일의 주의사항도 잘 보면 영문을 읽을 수 있는 레벨. 인쇄가 정말 미려하다!

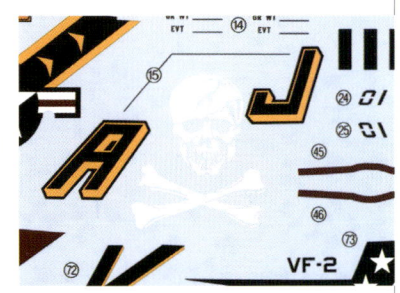

마지막 마무리

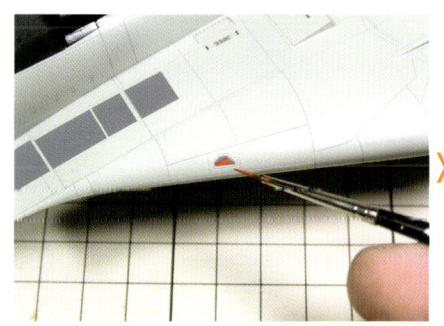

▲ 데칼을 다 붙였다면, 편대등, 익단등, 연료투기구 등 기체 각부의 세세한 부분을 극세 면상필로 칠한다.

▲ 하루 정도 밀려서 데칼을 충분히 건조시킨 후, 완전히 정착시키기 위해 클리어로 코팅해 둔다.

▲ 기체 전체에 먹선을 넣는다. 타미야의 패널라인 악센트 컬러 블랙을 사용해 패널라인에 흘려 넣는다.

▲ 에나멜 도료 건조 후, 티슈에 용제를 약간 묻혀서 닦아낸다.

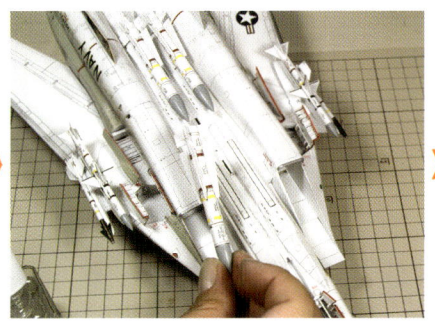

▲ 전체에 먹선을 넣었다면 모든 파츠를 반광 클리어로 코팅한다. 그 후, 완성한 파츠를 접착해 둔다.

▲ 피규어 세팅 후, 시멘트S로 캐노피를 가볍게 고정. 내부를 보이고 싶다면 굳이 접착할 필요는 없다.

이것으로 완성!

▲ 기수 좌측면. 모든 국면에서 정성을 다해 작업하면 최종적인 완성도가 달라진다.

▲ 윙 글로브 부분. 웨더링은 아주 가볍게만 했지만, 그래도 충분히 효과적임을 알 수 있다.

▲ 후미 부분. 엔진 노즐은 물론, 연료투기구, 어레스팅 후크 등도 확실하게 구별 도색하면 설득력이 증가한다.

▲ 콕피트에는 파일럿과 레이더 요격 관제사RIO, Radar Intercept Officer 피규어를 세팅한다. 완성도가 높기에 간단한 도색만으로도 리얼리티가 증가한다.

▲ 엔진 노즐은 실제 기체 사진을 참고로 하여, 고열로 변색된 상태를 도색으로 재현했다.

▲ 이번 작례에서는 함대 방공을 선택했지만, 풍부한 액세서리 파츠로 다양한 무장 패턴을 선택할 수 있다.

▲ 해골 마크는 VF-84 졸리 로저스의 상징. 이 키트의 데칼은 인쇄도 양호하고 붙이기도 쉽지만, 부착 작업에는 특히 더 정성을 기울였으면 한다.

GRUMMAN F-14A TOMCAT
VF-84
"Jolly Rogers"
(USS Nimitz)

스트롱 스타일로 디테일 업 공작!!

타미야 1/48 스케일 플라스틱 키트
그루먼 F-14A 톰캣
제작·글 / 다카하시 유지高橋雄二

TAMIYA 1/48 scale plastic kit
GRUMMAN F-14A TOMCAT
modeled by Yuji TAKAHASHI

그루먼 F-14A 톰캣
● 발매: 타미야 ● 8,424엔, 발매 중 ● 1/48, 약 39.8cm
● 플라스틱 키트

F-14라면 이거지! 하고 연상되는 검은 바탕의 해골 마킹. 『초시공요새 마크로스超時空要塞マクロス』에 등장하는 로이 포커 소령의 탑승기 마킹으로 무척 유명하지만, 당연하게도 원조는 바로 이쪽이다. 영화 『파이널 카운트다운』에서도 AT-6 텍산을 개조한 제로 전투기를 추격하며 그 이름을 알리게 되었다. '졸리 로저스'는 VF-84 퇴역 후에는 VF-103이 이어받았으며, F/A-18F로 기종을 변경한 후에도 현역 비행대로 이름을 올리고 있다. 여기서는 항공 모델러의 손으로 디테일업을 한 「스트롱 스타일」 작례를 소개한다!

아침 노을 속에서 아름다운 실루엣으로 작업하는 캐터펄트 크루. 톰 크루즈가 연기한 매버릭 미첼 대위가 캐터펄트 오피서에게 경례하고, F-14 톰캣은 굉음과 함께 독수리처럼 날아오른다. 항공기 팬의 눈에 강렬하게 각인된 영화 「탑 건 TOP GUN」의 "주역"이 드디어 타미야에서 발매되었다.

파츠 분할은 평범하지만 정밀도는 경이로운 수준으로, 좌우가 헷갈릴 것 같은 부품에는 'R', 'L' 등이 각인되어 있으며, 너무나도 조립하기 쉬워 감동마저 느껴진다. 확실하게 연동되는 가변익, 그리고 탑승용 사다리 부분이나 발걸이, 급유 프로브는 전개 상태를 선택할 수 있으며, 고품질의 '탑재 무장 세트'까지 동봉되어 있다. 데칼은 3종류로, 고품질에 정확한 사이즈로 제작된 이란 공군용 마킹도 있다. 붙이기도 쉽고, 무광 클리어를 바르면 거의 눈에 띄지 않는다.

이번에는 멋진 탑재 무장들부터 먼저 제작했다. 3종류의 탑재 패턴 중에서 함대 방공(다목적 대처) 시를 선정했다. 피닉스, 스패로우, 사이드와인더는 몰드가 굉장히 샤프하게 들어 있어, 데칼을 붙이고 먹선을 넣으면 그야말로 실물처럼 보일 정도다.

콕피트는 욕조 형태의 부품에 사이드 콘솔과 계기판을 붙이게 되어 있는 설계. 방위 정보 지시기(HIS)나 전술 정보 디스플레이(TID) 등에는 데칼이 준비되어 있고, 시트나 조종간도 실감나게 제작되어 있다. 3D 스캔한 파일럿에 납으로 시트 벨트를 추가하면 스케일을 초월한 완성도를 보이게 된다. 계기를 커버하는 천 종류의 조각도 빼어나다. 또한 투명도 발군의 캐노피는 두께도 균일하고 뒤틀림이 적다.

기수, 동체, 주익은 각각 따로 만들고 도색한 후 결합할 수 있다. 파츠의 분할 라인은 그대로 패널라인이 되도록 설계되어 있으며, 날개

뒤쪽 가장자리도 엄청나게 샤프하다. 단, 주익과 동체가 연결되는 부분에 있는 보조 가변 날개 부분 등은 없애야 할 접합 라인과 패널라인이 혼존하기에, 실제 기체 사진으로 확인해 가면서 작업해야 한다. 배기구의 가변 노즐은 개폐 선택식이므로, 황동선을 심어 교환할 수 있게 해 두면 좋다. 엔진 기부와 기체 후미 부분은 좌우를 0.3mm 정도 살려서 삽십을 물렸다. 랜딩 기어 베이는 충분히 실감나지만, 얇은 황동선과 극세 땜납으로 배관 작업을 해 주면 더욱 근사하다. 전방 랜딩 기어의 수축부를 금속 파이프로 바꾸고, 각 랜딩 기어의 브레이크 파이프 등도 추가했다. 타이어는 접지면을 신중히 갈아내어 기체의 자중으로 변형된 모습을 표현했다.

기체 도색은 상면을 Mr.컬러 C315 그레이 FS 16440, 하면을 C316 화이트 FS17875로 한 후 다소의 퇴색을 가했다. 주익 가동 시에 생기는 특징적인 흔적을 마스킹 테이프를 반원형으로 잘라내고 타미야의 패널라인 악센트를 이용해 그럴 듯하게 칠했다.

걸작 키트에 경의를 표하며, 실기 자료를 참고로 요소요소의 디테일 업을 시행했다. 초보자에게는 마음에 드는 F-14A '완성품'을, 베테랑에게는 '생애 최고의 명품'을 제공할 수 있는 최고의 키트이다. 이번에 그 키드 소개를 도울 수 있었던 것은 뜻밖의 행복이었다.

▲ 기수 좌측. M61 개틀링 기관포의 배기 슬릿이나 벌지 등은 별도의 파츠로 되어 있으며, 접합도 확실하다. 앞으로의 베리에이션 전개도 고려한 것으로 보인다.

▲ 졸리 로저스라고 하면 이 전통의 스컬 & 크로스본 마킹이 바로 떠오른다. 분할 도색과 데칼을 통해 쉽고 멋지게 재현할 수 있다.

▲ 무장은 3종류의 탑재 패턴 중에서 함대 방공(다목적 대처) 패턴을 선택. 에어 인테이크 아래에 달 수 있는 보조 연료 탱크도 준비되어 있다.

▲ 보조 가변 날개 아래에 달려 있는 미사일 파일런. 기축선과 평행하지 않은 AIM-7 스패로우 부착 형태도 재현되어 있다.

▲ 후부 캐노피는 파츠 정밀도가 높으며, 접착하지 않으면 완성 후에도 개폐 상태를 선택할 수 있다. 파일럿과 레이더 요격 관제사의 피규어도 리얼하다.

▲ 엔진 노즐은 개폐 2종류지만, 파츠 정밀도가 높아 완성 후에도 교환할 수 있다. 이번에는 닫힌 상태의 파츠를 달았다.

▲ 기수 하면의 전방 랜딩 기어와 랜딩 기어 베이. 그대로만 만들어도 양호한 완성도를 보이지만, 추가 공작을 하면 이 정도의 박력을 낼 수 있다.

무장 제작

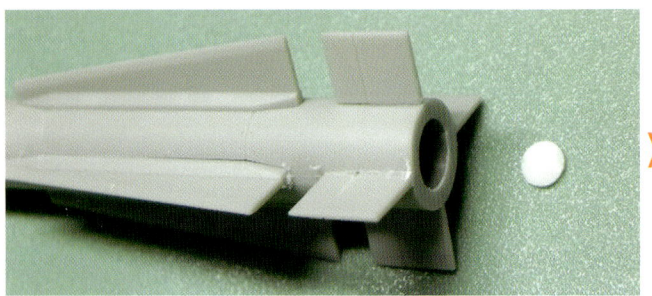

▲ AIM-54 피닉스 미사일은 전기형과 후기형을 선택 가능한 부품 구성. 분사구의 접합면은 둥근 플라스틱 판으로 덮은 후, 드릴로 다시 한 번 뚫는다.

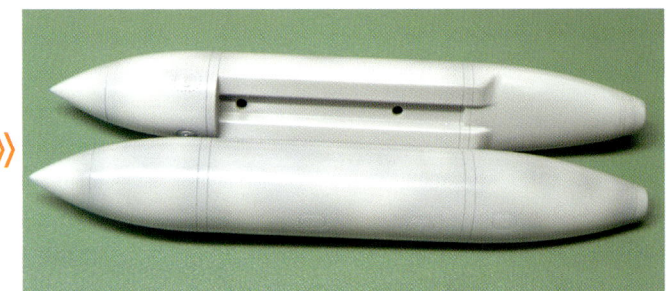

▲ 보조 연료 탱크는 실기 사진을 보면서 연료 누수 등을 의식해 음영 효과를 넣는다. 무장 종류를 만드는 것만으로도 1/72 제트기를 하나 만드는 것만큼 즐길 수 있다.

콕피트 제작

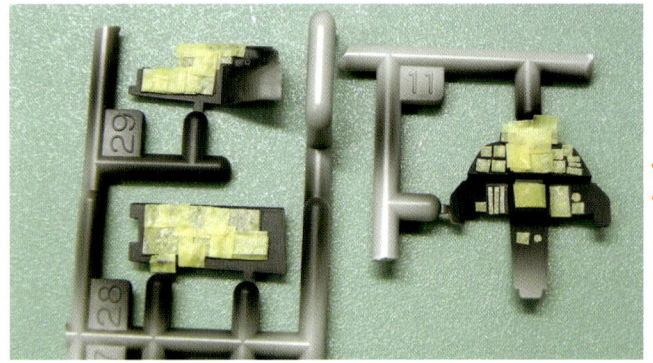

▲ 계기판 등의 파츠는 반광 블랙을 뿌리고 계기류를 마스킹한 후, 기체 내부색인 Mr.컬러 C73 에어크래프트 그레이를 뿌린다.

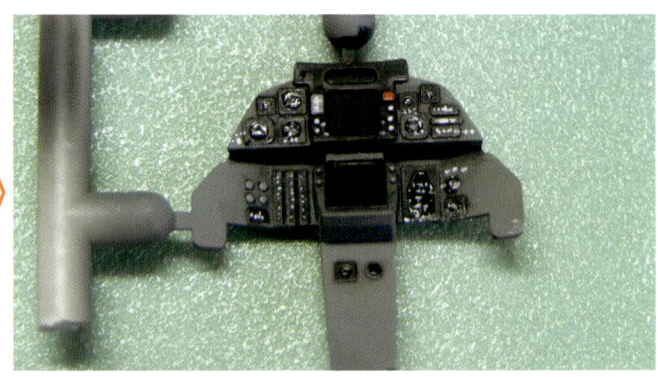

▲ 콕피트의 컬러 사진을 참고해 질 좋은 극세 면상필로 정성스럽게 구별해 칠한다. 계기 눈금 종류는 흰색, 작은 스위치 종류는 밝은 그레이로 하면 실감이 난다.

▲ 방위 정보 지시기(HIS) 등은 데칼을 붙이기만 하면 충분하지만, 이번에는 투명 염화비닐 판을 잘라 목공 본드로 고정하여 표면의 유리를 표현했다.

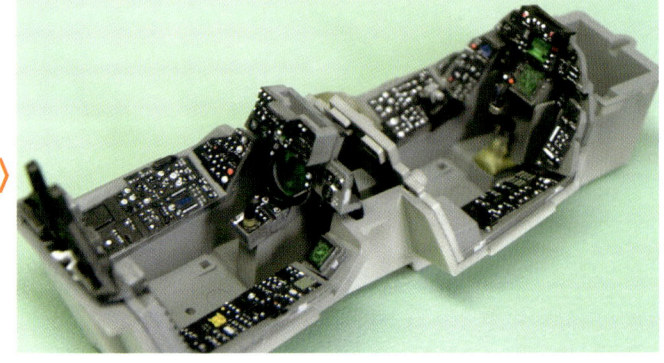

▲ 콕피트에 계기판, 조종석과 레이더를 조작하는 스틱을 세트. 형태는 훌륭하며, 세세하게 분할 도색해 스케일을 초월한 완성도를 보인다.

▲ 샤프하게 조각되어 분할 도색하기도 쉽고, 엄청나게 실감나는 완성도를 보인다. 단, 실제 콕피트에는 붉은 색이나 노란색 스위치는 거의 없으므로 주의할 것.

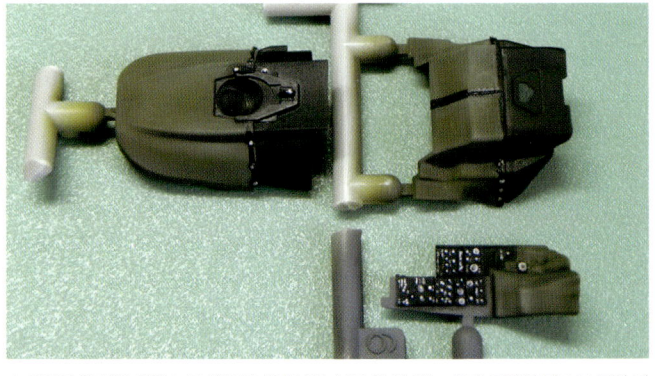

▲ 계기판을 덮은 캔버스도 굉장히 실감나며, 보통 많이 하는 추가 공작인 티슈를 붙일 필요가 없다. 도색만으로도 충분한 완성도를 보인다.

주익과 미익의 제작

▶ 특히 주목할만한 것은 엄청나게 샤프한 주익 뒤쪽 가장자리이다. 접합면이 주익 아래의 래더 도중까지 가지만 정밀도가 무척 높아서, 가는 선을 갈아내는 것처럼 간단한 작업이다.

◀ 꼬리날개의 뒤쪽 가장자리 또한 마찬가지로 훌륭하다. 접합면도 그대로 둬도 된다. 스태빌레이터 표면에는 안쪽의 접합 핀으로 인한 영향이 약간 드러나므로, 내수 사포 등으로 문질러 두면 좋다.

타이어 제작

▶ 타이어와 휠도 실감나는 몰드로 되어 있다. 실기 사진을 보면서 타이어 장착 위치의 붉은 점 등을 그려두면 좋다.

◀ 거대한 타이어의 접합면은 타이어의 트레드 패턴 몰드에 맞춰져 있다. 접합도 양호해서, 접합선을 제거할 필요가 전혀 없는 것이 기쁘다.

전방 랜딩 기어의 제작

▶ 랜딩 기어는 1/48에서는 한계가 아닐까 생각될 정도의 몰드. 그대로 도색해도 충분히 실감나지만, 이번에는 좀 더 수고를 해보기로 했다. 랜딩 기어의 유압 장치 부분을 떼어낸다.

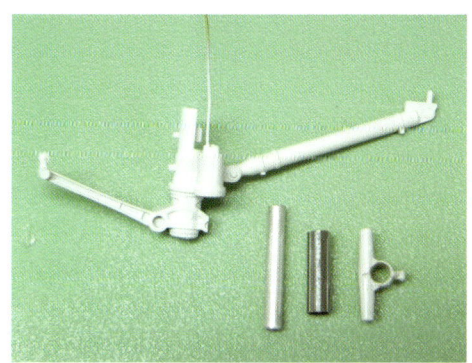 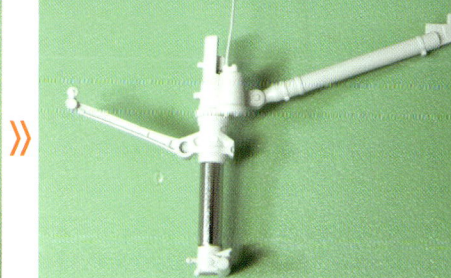

◀ 라디오의 안테나를 가공한 금속 파이프로 교환하고, 다시 조립한다. 유압 장치 부분의 빛이 완전히 달라지고, 더욱 실감나는 모습으로 완성된다.

▶ 실제 기체 사진을 보면서 어프로치 표시등 등의 배선을 추가한다. 또, 극세 구리선을 0.3mm 스테인리스 선에 감아 만든 스프링을 유압 장치 부분에 달았다.

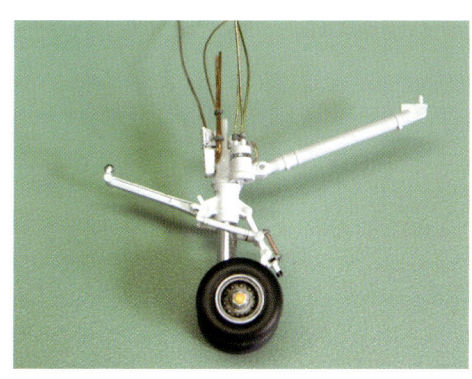 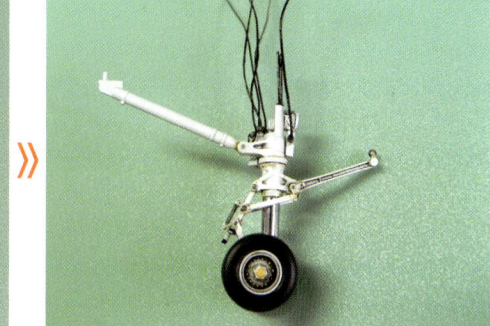

◀ 타미야 패널라인 악센트 다크 브라운으로 먹선을 넣는다. 또, 그리스가 칠해진 부분에는 에나멜 클리어 오렌지를 바르고 조금씩 남겨 가며 닦아내면 무척 실감나는 모습이 된다.

랜딩 기어 베이 제작

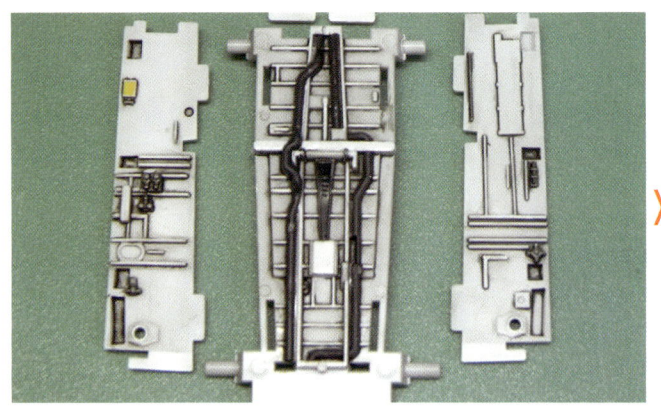
▲ 랜딩 기어 베이는 각 면이 훌륭하게 몰드되어 있어, 1/32 클래스의 인상을 받을 수 있다. 실제 기체 사진을 참고해 정확하게 구별해 먹선을 넣자.

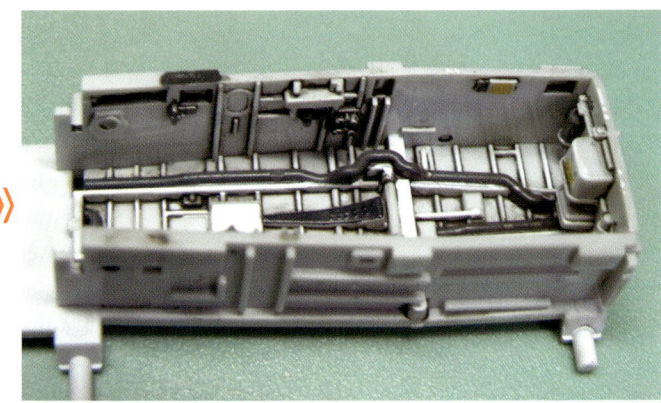
▲ 배선 등의 기본적인 부분이 몰드 되어 있으므로, 파이핑을 하고 싶지 않을 경우에는 이를 이용해 배선해 나가면 간단하게 추가 공작이 가능하게 되어 있다.

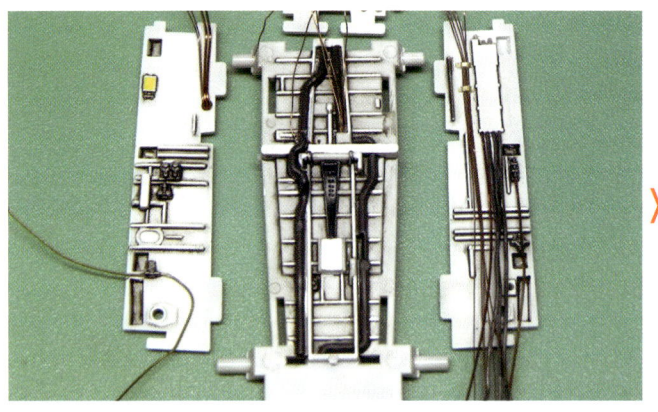
▲ 실제 기체 사진을 참고해 극세 에나멜 선, 구리선 등으로 파이핑을 추가한다. 몰드된 있는 배선 기초부에 핀바이스 등으로 필요한 크기의 구멍을 뚫고, 선을 집어넣는다.

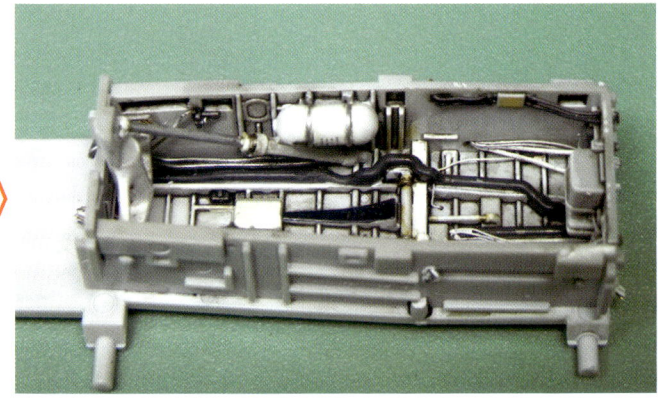
▲ 가장 간단하게 실감을 내는 방법이라면 배선의 굵기를 달리하는 것. 간단한 추가 공작이지만 키트 본래의 몰드와 어우러져 높은 정밀도를 보여준다.

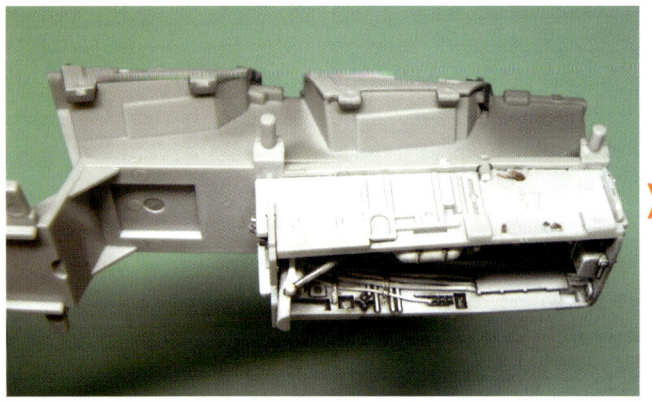
▲ 콕피트와 전방 랜딩 기어 베이를 접합. 콕피트 아래에 랜딩 기어가 고정되는데, 기분 좋을 정도로 딱 들어맞는다.

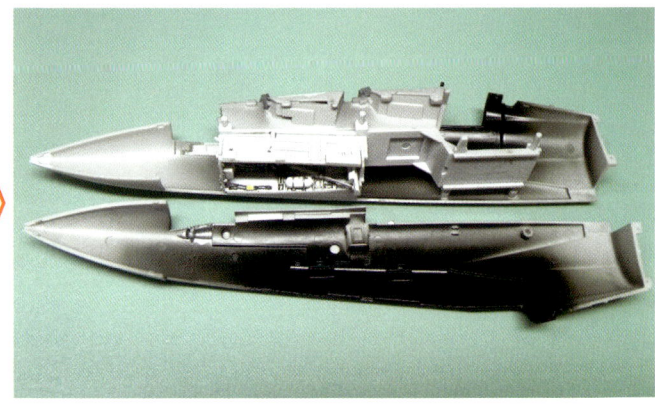
▲ 기수 좌우 파츠가 콕피트와 전방 랜딩 기어 베이를 감싸는 듯한 구조로 되어 있다. 안쪽을 검게 칠한 후 조립한다.

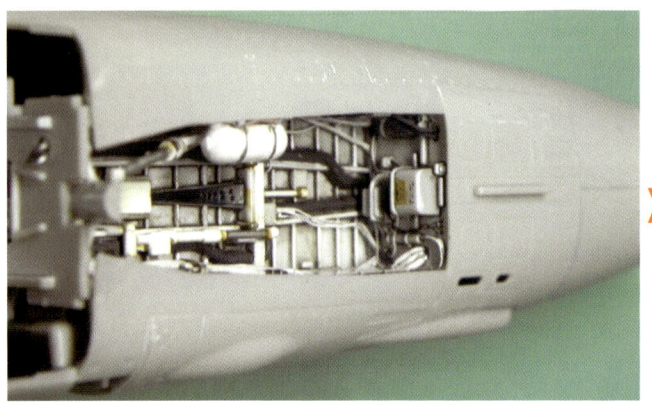
▲ 전후좌우에서 전방 랜딩 기어 수납고를 바라본다. 내부에 수납시키는 것이 아까워질 정도의 정밀도를 자랑한다.

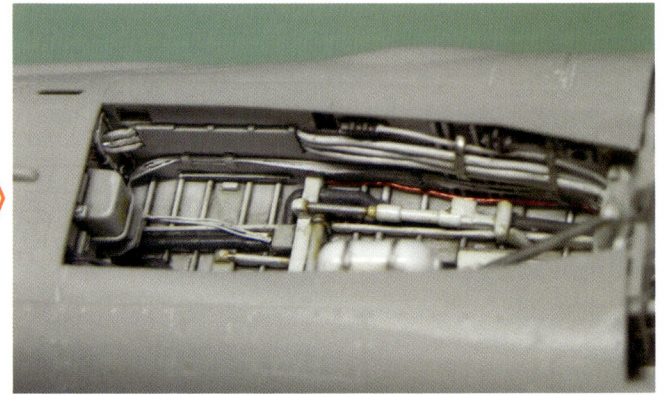
▲ 실제 기체 사진을 보면서 먹선을 넣고, 가동부는 에나멜 클리어 오렌지로 칠한다. 살짝 보이는 랜딩 기어의 정밀도가 근사하다.

파일럿 제작

▶ 주름 표현이나 밸런스가 훌륭한 파일럿 피규어가 둘 부속되어 있다. 산소마스크에 달린 마이크코드를 극세 구리선으로 추가한 것 이외에는 그대로 조립한 것이다.

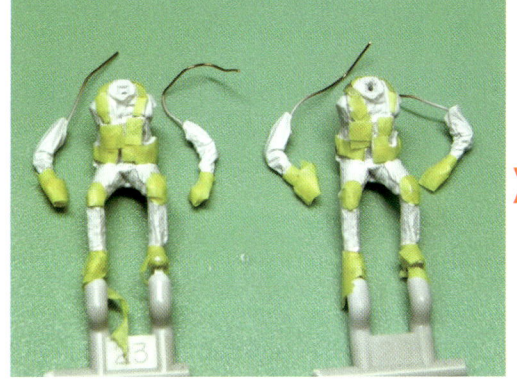

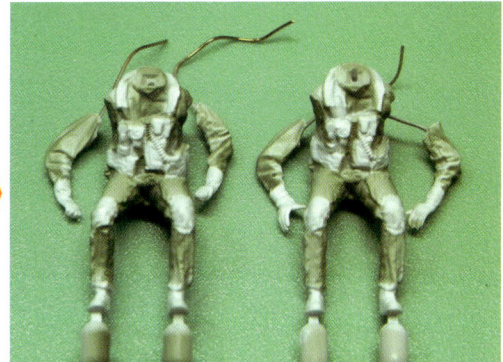

◀ 파팅라인을 제거한 후, 전체를 무광 흰색으로 칠한다. 마스킹을 하고 카키색 래커 등으로 밑색을 칠하고, 에나멜 클리어로 G 슈트 등을 구별해 칠한다.

▶ 이번에 제작하는 기체는 영화『파이널 카운트다운』에 출연했던 것이므로, DVD를 꺼내 보고 파일럿의 복장을 체크했다.

◀ 어깨와 가슴에 달린 와펜은 마스킹 테이프를 둥글게 잘라 도색해 그릴듯하게 만든 것이다. '고양이 톰'이 보인다면 성공이다.

사출 좌석의 제작

▶ 사출 좌석은 익숙한 마틴 베이커의 GRU-7A. 도색은 런너에서 떼지 않고 직접 하면 편하다.

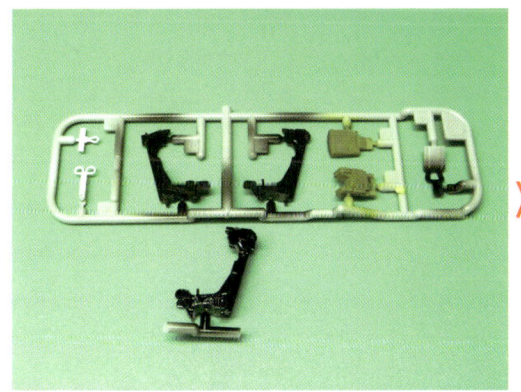

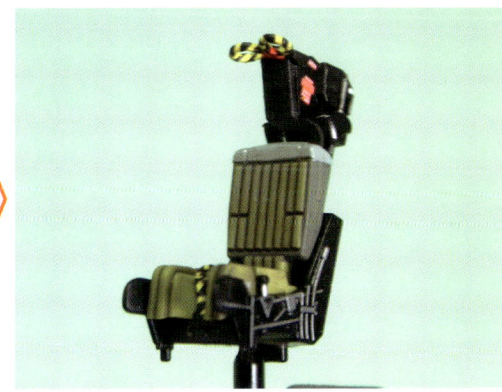

◀ 세밀한 몰드로 입체화되었고, 붉은 색 코션 마크도 데칼로 처리되었기 때문에 그대로 조립하고 도색한 것만으로 이만한 완성도를 자랑한다.

▶ 더욱 고도의 디테일을 추구하기 위해, 시트 등받이 옆에 벨트와 약간의 파이핑을 추가했다.

◀ 시트와 파일럿은 자연스럽게 어울린다. 실물 기체의 사진을 참고해 등 쪽에 늘어진 시트 벨트를 납으로 추가한다. 기체에 세트해도 간섭하는 일은 없다.

랜딩 기어의 제작

▶ 랜딩 기어는 도색 후에 하세가와의 미러 피니시를 붙인다. 이 시점에서 검은 코션 마크를 붙이고, 결속용 밴드를 얇게 자른 미러 피니시로 표현해 둔다.

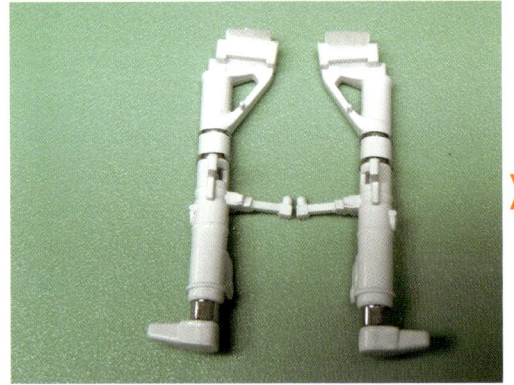

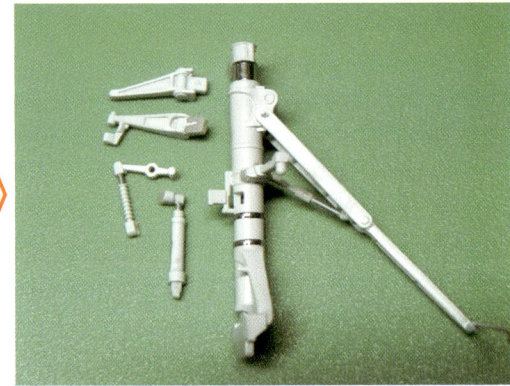

◀ 랜딩 기어를 그대로 조립해 나간다. 부품이 딱딱 들어맞는데 더하여 이제까지의 키트에서는 매우 어려웠던 각도 조절도 확실하게 할 수 있어 기쁘다.

▶ 1/48 스케일이라면 부디 브레이크 파이프 등을 추가했으면 한다. 실기 사진을 참고하며 코드를 풀어낸 극세 구리선과 납판으로 브레이크 파이프 등을 추가로 공작한다.

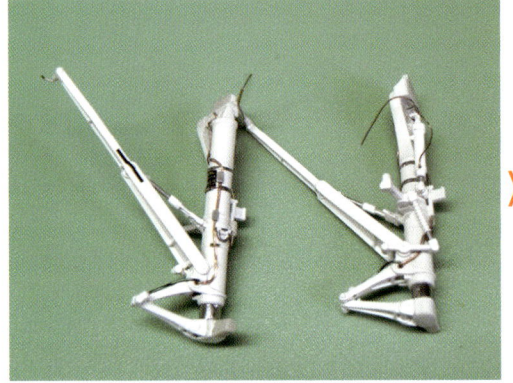

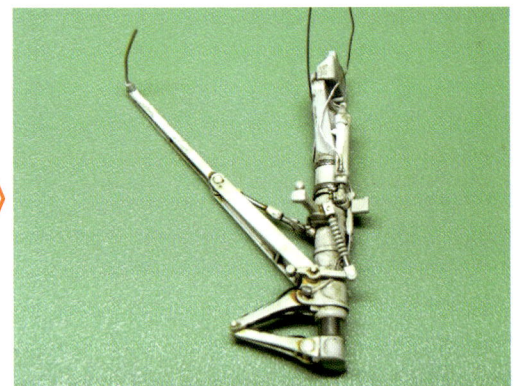

◀ 실기 사진을 보면서 먹선을 넣는다. 윤활유를 보충한 부분이나 기름 얼룩이 생기는 부분에 에나멜 클리어 오렌지를 발라 두었다.

▶ 랜딩 기어에 미리 완성해 둔 타이어를 장착. 타이어는 지면과 거의 수직으로 설 수 있도록 붙인다.

◀ 타이어는 접지면을 살짝 갈아내 기체의 무게로 인한 변형을 살짝 표현했다. 전방 랜딩 기어 타이어에도 마찬가지의 처리를 해 두었다.

기수의 디테일

▶ 기수 좌측 하부 개틀링 기관포의 포구 내부도 샤프하게 파츠화되었다. 이 부분만이 아니라, 에어 인테이크 내부도 다양한 부분이 입체화되어 있다.

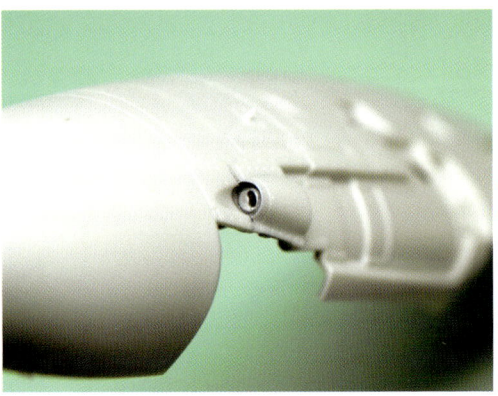

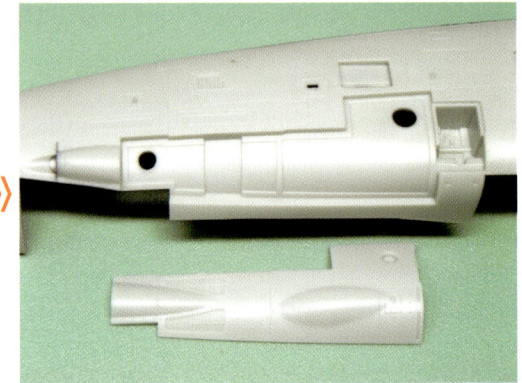

◀ 파츠 성형 시의 사정으로 인해 몰드가 약해질 것 같은 부분은 별개의 파츠로 분할되어 있으며, 경이로울 정도로 잘 들어맞는다. 이 또한 앞으로 파츠를 교환하여 베리에이션 키트를 발매할 것으로 보이는 부분이다.

동체 조립

▶ 동체 윗면의 중앙부, 후부와 중앙부를 연결하는 '八'자 모양 접합부에는 0.2mm 정도의 굴곡이 있는데, 이 부분은 실기 사진에서도 확인할 수 있으므로 수정하지 말 것.

◀ 동체와 주익을 연결하는 부분. 주익의 피벗 부분을 커버하는 부분 앞에는 보조 날개Glove Vane가 있다. 실기 사진을 참고해 메워야 할 부분과 몰드로 남겨야 할 부분을 확인하자.

▶ 동체 위쪽의 에어 인테이크에서 여분의 공기가 배출되는 벤트 부분의 커버. 뒤쪽 가장자리를 얇게 갈아두면 더욱 실감난다.

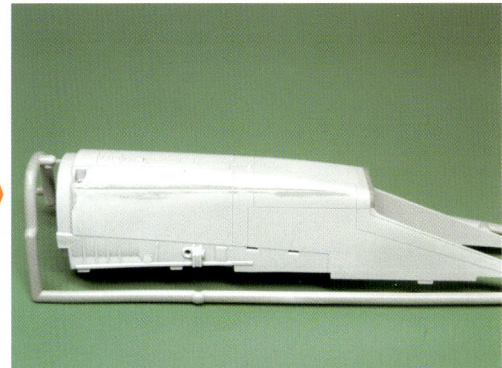

◀ 별도 파츠이면서도 동체에 잘 들어맞는 에어 인테이크. 바깥쪽 하부에 매우 미세한 파팅라인이 있으므로, 내수 사포로 갈아둘 것.

▶ 에어 인테이크 내부의 터빈 블레이드와 엔진 노즐 내부의 구조물은 도색 후에 먹선을 진하게 넣어두자.

◀ 에어 인테이크 내부의 터빈 블레이드는 깊은 위치에 있지만, 도색으로 확실하게 구별이 가도록 해 두면 들여다보았을 때 눈에 띄게 된다.

랜딩 기어 베이 공작

▶ 랜딩 기어 베이는 자잘하게 파츠가 나뉜 벽면에 세밀하게 몰드가 새겨져 있으며, 도색한 뒤, 가볍게 먹선을 넣기만 해도 구조물이 또렷하게 드러난다.

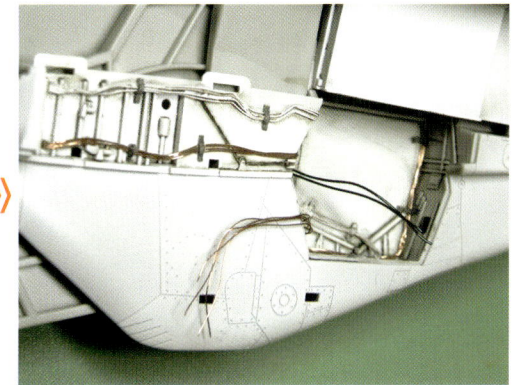

◀ 벽면을 따라 여러 배선이 지나가므로, 실기 사진을 참고해 극세 구리선 등으로 추가해 둔다. 디테일을 곧이곧대로 살리려고 하면 너저분하게 보일 수 있으므로 적당히 생략하도록 하자.

캐노피 제작

▶ 이 키트에는 캐노피용 마스킹 시트가 부속되어 있다. 인쇄된 선의 바로 위를 칼날을 신품으로 교체한 잘 드는 디자인 나이프로 신중하게 잘라낸다.

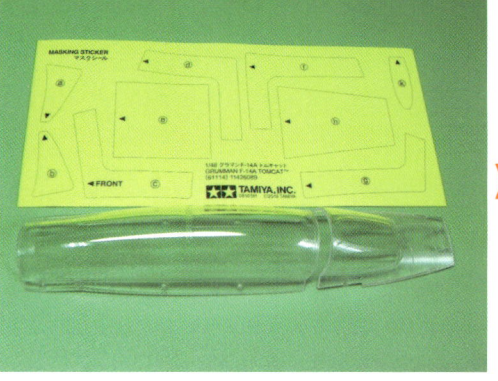

◀ 'Ω' 모양 단면이 재현된 캐노피에는 아주 미세하게 파팅라인이 들어 있다. 1500번 내수 사포로 가능한 좁은 범위를 문질러 제거하자.

▶ 계속해서 2000번 내수 사포로 완전히 제거함과 동시에 표면을 갈아낸다.

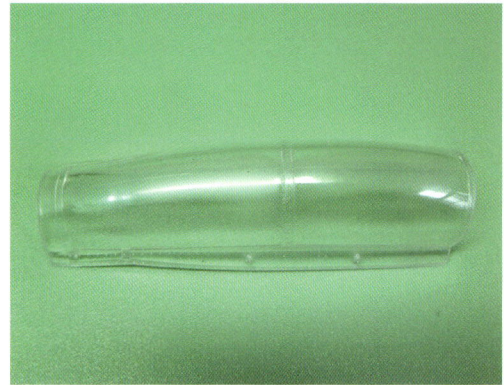

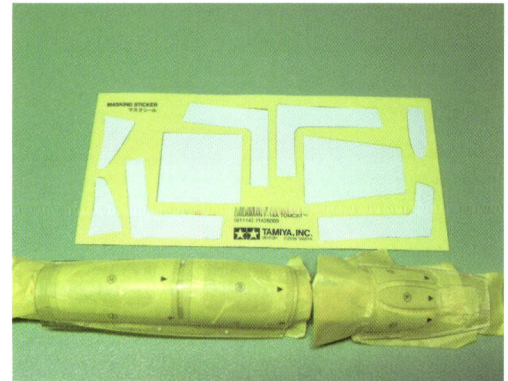

◀ 각 번호대의 컴파운드 몇 종류로 연마하여 투명함을 살려낸다. 연마 과정에서는 힘을 주지 말고 가볍게 닦는 것이 요령.

▶ 잘라낸 마스킹 시트를 붙여 캐노피를 마스킹한다. 전용 설계이므로 딱 들어맞는다.

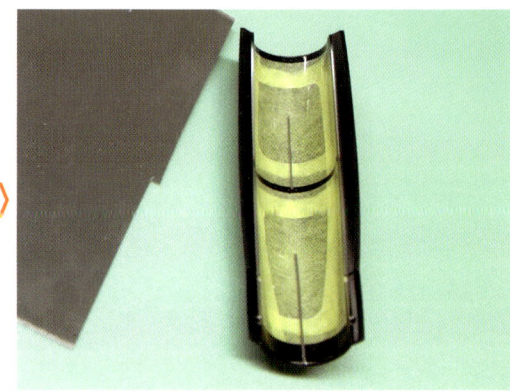

◀ 캐노피 도색 후, 안쪽 중앙부의 UHF/DF 센스 안테나 몰드에 미러 피니시를 아주 얇게 잘라 붙여 그럴듯하게 재현했다.

기수 부분의 추가 공작

▶ 접합선과 표면 처리로 지워지는 기수 윗면의 점검구 몰드는 템플레이트를 이용해 살려내도록 한다.

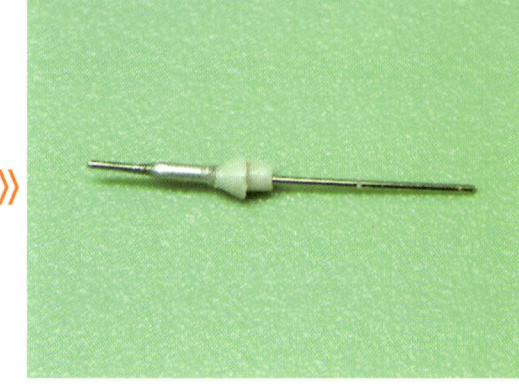

◀ 이 키트의 피토관은 굉장히 섬세하게 만들어졌으나 파손되기 쉽다. 만일에 대비해 남은 부품에 0.3mm 직경의 스테인리스 선, 0.8mm 직경의 알루미늄 파이프를 조합해 예비용 관을 작성해 둔다.

주익의 분할 도색

▶ 플랩과 횡 조종용 스포일러 부분의 색 분할을 위해 마스킹한다. 구석의 둥근 부분은 캐노피를 마스킹할 때의 요령으로 꼼꼼하게 마스킹해 둔다.

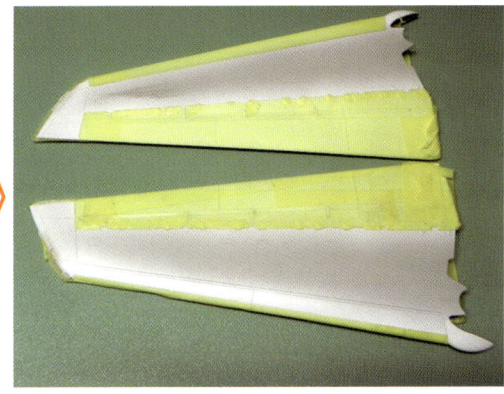

◀ 주익 마스킹 완료. 아랫면과 플랩 부분은 화이트, 앞쪽 가장자리는 실버로 도색을 완료했다.

▶ 주익 윗면의 가동과 관련된 오염을 표현한다. 우선 주익을 후퇴시킨 상태의 실링 패널 형태를 마스킹 테이프에 붙여 잘라낸다.

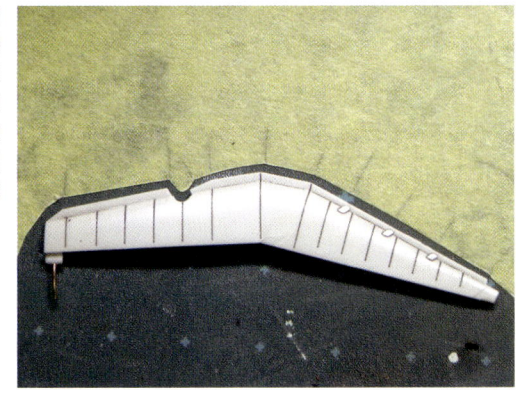

◀ 주익을 후퇴시킨 상태로 마스킹 테이프를 붙인다. 데칼을 보호하기 위해, 위에는 포스트잇을 붙여둘 것. 그렇지 않으면 데칼이 마스킹 테이프 때문에 벗겨져 버리고 만다.

▶ 피벗 부분에서 동심원 형태로 퍼져가듯 불규칙한 폭으로 마스킹 테이프를 잘라내고, 타미야의 패널라인 악센트 다크 브라운을 주의 깊게 얇게 뿌린다.

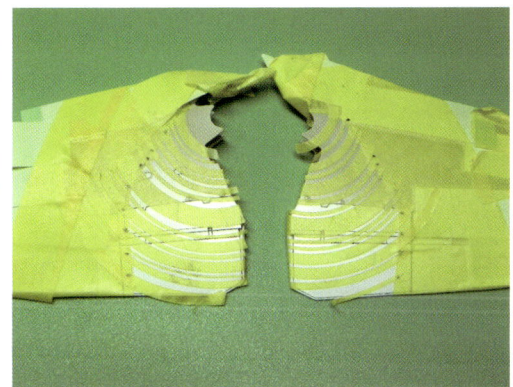

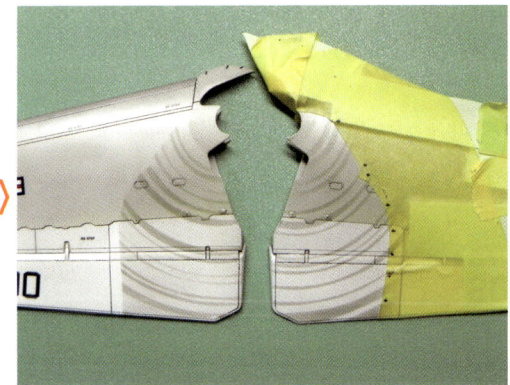

◀ 동심원 형태의 마스킹 테이프를 벗겨내면서 다시 한 번 전체에 다크 브라운을 가볍게 뿌려 닫혀 있을 때의 실링 패널 형태를 칠한다.

엔진 노즐 도색

▶ 엔진 노즐 도색. 실기 사진을 참고하여 소철색, 철색, 금색 등을 이용해 분할 도색하면 실감이 난다.

◀ 이 위에서 패널라인 악센트(다크 브라운)로 워싱해 고열로 변색된 형태를 표현. 노즐은 접착하지 않고, 닫힌 상태와 열린 상태를 교환하며 즐길 수 있게 했다.

▲ 기체 오른쪽 후방에서 봤을 때. 함상기임에도 중량감이 넘치는 톰캣의 모습이 잘 표현된 앵글이다.

▲ 타미야 키트는 그대로 만들기만 해도 높은 수준의 완성품이 되지만, 추가 세부 공작과 정성스러운 도색을 통해 더욱 완성도가 높아진다.

▼ 이 키트의 마킹은 영화 『파이널 카운트다운』에 출연한 기체를 재현한 것이다. 파일럿의 헬멧 마킹까지 데칼로 준비되어 있다.

▲ 기수 우측. 이 키트의 몰드나 형태의 재현은 더할 나위 없이 잘 만들어져 있다. 레이돔 바로 뒤의 상부에는 기류 측정용 얇은 끈을 추가했다.

▼ 주익의 윙 글로브 형태도 훌륭하다. 앞쪽의 보조 날개는 몰드 재현이므로, 접합면을 처리하다가 지워버리지 않도록 주의할 것.

▲ 윙 글로브 아래의 파일런과 랜딩 기어 베이, 랜딩 기어와 랜딩 기어 커버는 기존의 키트와는 다르게, 붙이는 각도가 정확하고 강도도 충분하다..

나와 톰캣의 여정
My Journey with the Tomcat

내 이름은 데이나 "스머지" 포츠, 29년 동안 복무한 퇴역 해군 대령이다. 비행시간은 3800시간 이상, 항모 착함 횟수는 1000회에 달하는데, 그 중 2400시간이 각 형식의 F-14 톰캣으로 비행한 시간이다.

나와 톰캣의 최초의 만남은 1970년대 「파퓰러 메카닉스」지에 게재된 해군의 최신예 전투기에 대한 글을 읽었던 중학생 시절의 일이다. 그 후 난 해군 장학생으로 텍사스 A&M 대학에 진학했고, 8월에 졸업했다. 1980년 9월 해군 비행 사관 휘장을 얻고 함대 예비역 비행대에서 F-4 강습을 수강한 후, 1981년 12월에 F-4 레이더 요격 관제사로 임관했다. 최초의 비행대는 VF-161 '록 리버스'였고, 일본 요코스카(横須賀)를 모항으로 하는 USS '미드웨이'(CV-41)에 배치되었다.

톰캣을 처음 만져본 것은 1982년 USS '엔터프라이즈'(CVN-65)와의 합동 작전 때였다. 어느 날 오후 '엔터프라이즈' 주위에는 안개가 발생했고, 50 마일(약 80km)을 유지하던 우리는 푸른 하늘 아래에 있었다. 날씨는 악화일변도였고, VF-114 및 VF-213의 F-14 각각 1기씩 도합 2기, A-6 1기가 항로를 바꾸어 어쩔 수 없이 '미드웨이'에 착함했다. 다음 날 날씨가 회복되어 우리는 방문자들을 발함시켜 '엔터프라이즈'로 보냈는데, 톰캣은 엄청나게 커서 발함 시의 공간을 확보하기 위해 대부분의 탑재기를 비행갑판에서 띄울 수밖에 없을 정도였다. 이 일이 있은 후, 서로의 비행대 사령관들이 연락을 취해 모종의 재미있는(?) 플랜이 실행되게 되었다.

비행대의 RIO를 하루씩 교환해 각각의 항공기로 비행시키는 것으로, F-14의 RIO는 F-4를, F-4의 RIO는 톰캣에 탈 기회가 주어졌다. 운 좋게도 난 이 교환원으로 발탁되었고, VF-114 '아드바크스'에서 '1일 바크'가 되었다. 당시에는 이게 얼마나 행운인지 알지 못했지만, 비행할 기회를 한 번도 아니라 무려 세 번이나 얻을 수 있었다! 여기서 난 몇 가지 선명한 인상을 받고 귀함했다. 기체는 엄청나게 크고, 콕피트도 넓었다. 에어컨은 팬텀에 비해 시끄러웠지만 훌륭한 것이었다. 콕피트에서의 시야도 훨씬 각별했고, 콕피트 안에서도 후방을 수직꼬리날개 사이로 쉽게 확인할 수 있었다. 또 이 제트기에서 놀랐던 것은 착함 패턴 비행 시의 느린 속도였다. 평균적인 적재량일 경우 F-4와 비교해 약 20노트(약 37km/h)정도 저속으로, 착함 까지 책을 한 권 다 읽을 수 있을 것 같은 시간처럼 느껴질 정도였다.

VF-161에서 내 근무는 1984년 12월에 끝났고, 1985년 2월 VF-101 '그림 리퍼즈'의 직속 상급 학생으로, 계속해서 톰캣 비행 교관이 되었다. 신입 해군 비행사와 비행사관을 교육하면서, 이 기체의 비행 능력을 최대한 발휘할 수 있는 전술 습득과 함께 기체 시스템 이해에 몰두했다. 그 결과, 항속 거리, 속도, 레이더, 놀라운 피치 레이트, 그리고 양호한 무장 구성 등 톰캣의 다양한 장점을 배웠다. 단점은 기체가 너무나도 거대해 문자 그대로 테니스코트 사이즈이기 때문에 공중전 시에 발각되기 쉽다는 점이다. TF30 엔진도 역시 문제였다. 엔진 수명 연장을 위해 출력을 낮게 조정했지만, 매연을 뿜어내는 좋지 않은 부작용이 생겼다.

팬텀에서의 혹독한 경험 상, 후방에 연기를 뿜는 제트기는 발견되기 쉽다. 공중전에서는 상대를 더 빨리 인식한 쪽이 우위에 서는 것은 명백한 일이다. 롤 레이트도 상당히 좋지 않았다.

그렇지만 계속 훈련을 쌓으면서 이런 결점을 덮어 숨기고 장점만 살리는 것은 충분히 가능했다.

비행교관 일을 마친 후에 난 VF-103 '슬러거즈'에 편입되었고, 곧바로 F-14A+를 체험하게 되었다. 표준적인 A형에 GE제 F110 엔진을 탑재한 타입이었는데, 이 기체로 한 첫 번째 비행은 결코 잊을 수 없는 것이 되었다. 우선 고도 5000 피트(약 1524m), 속도 250노트(약 463km/h)로 성능 데모 개시. 파일럿이 애프터버너를 전개하자, 기체는 지금까지 체험한 적이 없는 가속을 보여주었다. 난 대기속도계가 이렇게 빨리 움직인다는 걸 믿을 수가 없었지만, 몇 초 만에 200노트(약 370km/h)까지 가속한 것이다. 속도 450노트(약 833km/h)에서 부드럽게 세워 수직 상승으로 이행했고, 거기에 250노트(약 463km/h)를 더 얻어 35000 피트(약 10668m)에서 수직 롤을 실

Dana "Smudge" Potts
데이나 "스머지" 포츠

퇴역 미해군 대령. 1994~1997년에 VF-154 "블랙나이츠" 사령관으로서 부대를 지휘했다. T-2C 백아이를 시작으로 F-4, F-14로 갈아탔으며, 비행대장 CAG, Commander, Air Group 시대에는 S-3B, EA-6B, HH-60H, F/A-18D, E-2C에도 탑승했다.

행했다. 파워를 주체하지 못하는 전투기 같은 건 말도 안 된다고 것인데, 정말로 거기에 가까운 존재였다!

톰캣의 엔진 교환은 나중에 계속된 대개조의 시작으로 폭탄 랙, 암시 장치, LANTIRN 포드 등이 추가되었다. F-14B 및 B 업그레이드라 불리게 된 이 타입은 개인적으로는 F-14 중에서 가장 압도적인 존재였다고 생각한다. 신형 에비오닉스 기기, 신형 HUD, 디지털 비행 제어 시스템 추가도 기체의 성능 향상에 큰 역할을 맡았다.

본국 비행대에서 이런 수많은 개량이 적용되는 동안, 1995년 난 일본으로 돌아가 VF-154 '블랙 나이츠' 지휘를 맡게 되었다. 하지만 나와 톰캣의 관계는 아직 끝나지 않았다. 2000년, 난 항모 항공단의 사령관으로 임명되었다. CVW-17에 배속되어 '졸리 로저스'라 개칭된 VF-103으로 다시 한 번 비행하게 되었다.

항공단 사령관으로 임명된 후 난 내 경력에 수많은 성공을 가져다 준, 다시 말해서 날 뒤에서 지지해 주었던 내 아내 패트와의 인연을 기체에 마킹하기로 했다. 항공사 애호가로서도, 우리 항공단 대원의 부인들 전원에 대한 경의는 물론, 그녀의 지지가 내게 얼마나 중요한 것인지를 세상에 알리고 싶었던 것이다.

밥 윌리스가 1938년에 작곡하고 패치 클라인부터 클린트 이스트우드까지 다양한 아티스트들이 불렀던 「샌 안토니오 로즈」라는 노래가 있다. 내 아내 패트는 텍사스 주 샌 안토니오 출신이었기 때문에, 텍사스의 노란 장미를 선택하는 건 자연스러운 일이었다. 이 노란 장미 주위를 밤색과 흰색(모교 텍사스 A&M의 스쿨 컬러)의 웨스턴 폰트 문자로 감쌌다.

'로즈'는 아프가니스탄 및 이라크 전쟁에 참가했고, 지중해와 아드리아해에도 모습을 보였다. 기체의 훌륭한 성능은 현지에서도 긍지의 원천이 되었고, 아내와의 즐거운 추억으로서도 기억에 남아 있다.

이것이 톰캣과의 최후의 임무였고, 작별과 함께 난 그들과의 시간을 간직하고 퇴역하게 되었다. 유감스럽게도 D형만은 타보지 못했지만, 그래도 난 다양한 타입의 기체로 비행할 수 있었다. 내게는 이 역사 속에서 사라져가려 하는 제트기에 대한 애정이 넘치는 기억이 있다. 이 기체는 유례없을 정도로 유효하고 다양한 목적과 상황에 대처 할 수 있는 함상기였다고 믿는다.

(번역 / 다케우치 기쿠오 竹內規矩夫)

▲포츠 씨가 현역이던 시절 VF-103 졸리 로저스 소속 F-14B. 2002년, 지중해에 전개했을 당시 포츠 씨가 직접 촬영한 것이다. (사진 : U.S. NAVY)

▲2002 년, 지중해에서 AIM-54 피닉스 미사일을 발사하는 VF-103 소속 F-14B. 촬영은 포츠 씨(사진 : U.S. NAVY)

▲저시인성 도색을 한 VF-103 소속 F-14B가 지중해 상공에서 편대 비행 중인 모습. 촬영은 포츠 씨. (사진 : U.S. NAVY)

실제로 활약하는 REAL 톰캣
F-14 TOMCAT IN ACTION

F-14 톰캣 실기사진

미 해군에서 운용했던 F-14 톰캣 각 형식의 실제 모습을 대형 사이즈의 사진으로 전한다. 이미 미 해군에서는 2006년을 기해 전기 퇴역했으므로, 여기 게재된 '살아있는 톰캣' 사진은 모두가 굉장히 귀중한 것이다.

글/이시하라 하지메石原肇 text by Hajime ISHIHARA

주익을 후퇴시켜 하이스피드 데모 플라이트를 시연 중인 F-14A 톰캣. 이 기체의 매력은 바로 가변익Variable Geometry Wing으로, 비행 중 최대 후퇴각은 68°.

이륙 시의 주익. 후퇴각은 20°로 전진시킨 상태. 주익 위치의 변화로 다양한 스타일을 보여주는 것은 가변익기의 매력으로, 사진은 랜딩 기어와 플랩을 내린 상태로, 하이레이트 클라임을 보여주는 모습이다.

랜딩 기어를 내린 채로 기체 상면을 보이며 롤링Rolling을 하는 톰캣. 일본 아쓰기 해군 비행장에서 1999년과 2000년에 열렸던 「WINGS*」에서는 F-14A 톰캣이 사진처럼 화려한 데몬스트레이션을 실시했으나, 그 이듬해부터는 소음문제와 동시다발 테러의 영향으로 폐지되었다.

랜딩 기어는 꺼낸 상태 그대로(왼쪽 주익 아래에 타이어가 살짝 보인다)이고, 풀 플랩 다운 상태로 이륙 직후에 우선회하며 높은 기동성을 보여주는 F-14A 톰캣. 지상에서 촬영해도 공중에서 촬영한 것 같은 사진을 찍을 수 있을 정도로 박력이 넘친다.

*WINGS : 2001년까지 실시된 기지 공개 행사.

클린 상태로 아쓰기#* 기지의 R/W01에서 터치 앤 고 훈련을 행하는 VF-154의 F-14A 톰캣. 이륙 직후에 랜딩 기어는 전방으로 접혀 들어간다. 파일런에는 AIM-9용 LAU-7 런처를 장비했다.

뱅크각을 취하며 아쓰기 기지의 R/W01로 어프로치하는 F-14A 톰캣. 사진은 2000년 1월에 찍힌 것으로, 당시 VF-154의 F-14A는 이러한 어프로치를 실시했다. 주익 가동부의 오염 흔적과 플랩의 움직임을 잘 알 수 있는 사진.

동체 아랫면에는 2개의 267갤런 연료 탱크, 중앙에는 AIM-54 피닉스 공대공 미사일용 런처 파렛트를 탑재하고 풀 플랩 다운 상태로 아츠키 기지의 R/W19로 어프로치하는 F-14A.

1970년대 후반 이후 해군기에서 원색 마킹이 사라졌지만, 1990년대에 들어서는 CAG기 한정으로 원색 마킹이 부활했다. 사진은 2001년에 촬영된 VF-154의 F-14A.

USS 에이브러햄 링컨의 비행 갑판 위에서 동체 상부의 정비를 받는 중인 VF-31 "Tomcatters"소속 F-14D 슈퍼 톰캣. 기수 오른쪽에 공중 급유 프로브가 전개되어 있음에 주의.

F-14D는 엔진을 TE30-P-414A에서 F110-GE-400으로 교체하고 화기 관제 장치 등을 업그레이드한 타입으로, 비공식으로 "슈퍼 톰캣"이라는 닉네임이 주어졌지만, 합계 37기만이 생산되었다.

USS 키티호크의 비행 갑판에서 발함 준비 중인 톰캣. 플레인 디렉터, 플레인 캡틴, 무장요원, 연료 보급 요원 등 덱 크루는 멀리서도 식별이 가능한 화려한 색의 조끼를 착용한다.

F-14 톰캣은 각 형식별로 엔진 노즐, 동체 뒷부분 외에 기수 좌측에 위치한 개틀링 기관포의 배연구 덕트의 형상에서 차이를 보이고 있으나 기수 우측은 거의 동일한 모습을 하고 있다.

항행 중인 USS 키티 호크의 덱에 주기 중인 F-14A. 덱에 주기할 경우에는 타이다운 체인으로 확실하게 고정된다. 주익은 격납 시 최대 75°까지 후퇴 가능(이 상태로는 비행 불가능).

USS 키티 호크의 비행 갑판에서 4번 캐터펄트를 향해 택싱 중인 VF-154 "Black Knights"의 F-14A. 노란색 셔츠를 입은 덱 크루는 항공기 유도를 전문으로 하는 플레인 디렉터다.

아쓰기 기지의 플라이트 라인에 주기한 VF-154의 F-14A. 동체 아래에 탑재한 것은 TARPS^{Tactical Aerial/Airborne Reconnaissance Pod System, 전술 항공 정찰 시스템}로, RF-8G 등의 정찰기가 퇴역하면서 톰캣에 정찰 임무가 부여되었다.

레이돔 아래의 친 포드^{Chin Pod}에 AN/AXX-1 TCS를 장비했다는 것을 통해, 이 기체는 블록 125에 해당하는 타입이라는 것을 알 수 있다. 사진은 1998년이지만, 친 포드에 '투혼^{鬪魂}'이라는 문자를 새기던 시대도 있었다.

F-4J 팬텀 II에서 톰캣으로 기종을 전환한 직후에 NAX 오시아나에서 촬영된 VF-142의 F-14A로, 1970년대 후반까지는 윗면은 걸그레이, 아랫면은 화이트, 수직 꼬리날개는 풀 컬러로 칠하는 화려한 시대였다.

캐노피를 연 상태로, 클리어런스를 확보한 F-14A. 캐노피 프레임의 훅이나 백미러, 사출 좌석의 세부 형상을 잘 알 수 있다(후부 좌석에는 카메라맨 도쿠나가 씨가 공중 촬영을 위해 동승했다).

TF-30-P-414A 엔진. 노즐 우측은 열었고, 좌측은 오므린 상태이다. 엔진 중간에는 어레스팅 훅, 연료 투기용 파이프, 수직 꼬리날개 뒤쪽에 달린 것은 항법등이다.

F-14 톰캣은 F-4 팬텀II와 마찬가지로 앞좌석이 파일럿, 뒷좌석에 레이더 요격 관제사가 탑승하는 탠덤 복좌형이다. 캐노피는 앞부분이 고정이며, 뒷부분은 위쪽으로 열리는 일반적인 시스템이다.

장기 항해를 종료하고 아츠키 기지에 플라이인한 기체는 엔진을 끄고 곧바로 세척장으로 끌고 간다. 이곳에서 기체 하부나 랜딩 기어 주변에 달라붙은 소금과 오염 등을 집중적으로, 수작업으로 꼼꼼하게 세정한다.

AN/AAQ-25 LANTIRN 포드에는 탐지 능력이 높은 FLIR(적외선 전방 감시 장치)이 내장되어 있어, 레이저 유도 폭탄을 탑재하고 야간 초저공 침공이 가능하다. 이를 통해 톰캣의 대지 공격 능력이 크게 향상되었다.

F-14D의 특징 중 하나인 친 포드로, 오른쪽이 AN/AXX-1 TCS, 왼쪽은 TRST(적외선 수색 추적 시스템)이다. 아래쪽에는 AN/ALQ-165ASPJ 자체방어용 전자방해 장비 안테나가 장비되어 있다.

급유함 래퍼해넉Rappahannoc(T-AO-204)을 중심으로 해상 급유를 받는 항모 키티호크(CV-63)와, 타이콘데로가급 순양함 챈슬러스빌(CG-62). F/A-18 호넷과 비교해 보면 F-14 톰캣이 얼마나 대형 기체인지를 확인할 수 있다.

F-14A에 탑재된 TF-30-P-414A 엔진은 프랫 & 휘트니의 제품으로, 애프터버너가 달린 첫 번째 터보 팬 엔진이다. F-14B/D가 탑재한 F110-GE-400과는 노즐 부분 형태가 다르다.

엔진, 주익, 스태빌라이저(수평 꼬리날개) 등을 제거한 상태로 정비를 받는 톰캣. 각 패널 내부는 기내색으로 칠해져 있고, 기기류 등은 흰색, 엔진 수납 부분 안쪽도 흰색으로 칠해져 있는 것이 흥미롭다.

타미야 1/48 스케일 플라스틱 키트
그루먼 F-14A 톰캣
제작·글 / 욘케이ヨンケイ

TAMIYA 1/48 scale plastic kit
GRUMMAN F-14A TOMCAT
modeled by YONKEI

그루먼 F-14A 톰캣
● 발매: 타미야 ● 8,424엔, 발매 중 ● 1/48, 약 39.8cm

GRUMMAN F-14A TOMCAT
VF-2
"Bounty Hunters"
(USS Enterprise)

칠하고 덧칠하고 문질러 벗겨내는 손쉬운 보수 도장 흔적 재현!

F-14 톰캣의 도색에서 중요한 것은 IRAN Inspection and Repair As Necessary, 기체 정기 수리 등으로 인한 보수 도장으로 생겨난 기체 표면 각부의 색번짐이다. 웨더링과 함께 운용 중인 실제 기체 같은 분위기를 내는데 효과적이다. 이런 색번짐을 재현하기 위해서는 에어브러시 극세 분사를 이용하는 것이 일반적이지만, 극세 분사가 가능한 에어브러시는 비교적 고가인 데다 에어 압력이나 도료 농도 등 기술적으로도 난이도가 높다. 그래서 비교적 간단히 보수 흔적을 재현할 수 있는 방법을 소개한다. 도료 특성을 살리면 다양한 효과를 연출할 수 있다!

◀ 기체 뒷부분. 오염이 집중되기 쉬운 부분이므로, 패널 안쪽과 패널라인 보수 흔적의 콘트라스트를 강조했음을 알 수 있다.

▼ 기수 우측. 운용에 의한 오염과 보수 시에 재도색한 상태가 믹스된 미묘한 모습의 웨더링을 훌륭하게 재현했다.

손쉬운 IRAN 면봉 스페셜!

F-14 톰캣 등 현재 운용되는 기체의 독특한 보수 도장 흔적(도장 터치업 흔적) 재현은 일반적으로는 극세 분사를 사용하지만, 이번에는 극세 분사가 불가능한 에어브러시나 극세 분사가 어려운 사람들이라도 비교적 간단히 보수 흔적을 재현할 수 있는 방법을 소개합니다. 이번에 사용한 에어브러시는 홈쇼핑으로 구입한 1,800엔짜리 중국제로, 어느 정도 얇게 분사할 수는 있지만 현재 운용되는 기체의 독특한 보수 도장 흔적 재현은 거의 불가능한 최저 랭크의 성능입니다. 그래서 이번에는 이 에어브러시와 면봉으로 할 수 있는, 각 메이커 도료의 성질 차이를 이용한 보수 도장 흔적 재현에 도전해 보았습니다.

가이아노츠ガイアノーツ의 에나멜 신너인 '에나멜계 용제エナメル系溶剤'는 같은 회사의 래커계열 도료에는 거의 영향을 미치지 않지만, GSI 크레오스(GSI크레오스)의 래커계 도료 'Mr.컬러(Mr.カラー)'를 강력하게 녹여 벗겨낼 수 있습니다. 타미야(タミヤ)의 에나멜 신너 'X-20 용제X-20溶剤'도 마찬가지로 GSI 크레오스의 Mr.컬러를 어느 정도 녹여 벗겨낼 수 있지만, 용해력이 그다지 강하지 않아 그러데이션을 재현하는데 적합합니다. 이 2가지 용제의 용해 특성 차이가 중요한 열쇠가 됩니다.

재현 순서

우선 에어브러시를 이용해 기체 기본색을 가이아노츠의 가이아 컬러(래커계 도료)로 도색합니다. 이 단계에서 상면 분할 도색을 완료해도 OK입니다.

다음으로, 에어브러시로 기체 표면의 패널라인, 리벳 몰드를 따라 묽게 희석한 GSI 크레오스의 Mr.컬러(래커계 도료)로 음영 분사합니다. 또, 진행 방향이나 주기 시 위에서 아래로 흘러내리는 오염도 마찬가지로 분사해 표현합니다. 뒷 공정에서 벗겨내므로, 음영은 좀 진하게 분사해도 괜찮습니다.

여기서 가이아노츠의 에나멜계 용제를 묻힌 끝이 얇고 날카로운 타입의 면봉(타미야의 '크래프트 면봉(삼각·S 사이즈)' 등)을 이용해 보수 도장을 재현합니다. 우선 리벳 부분을 끝이 둥근 타입의 면봉(타미야의 '크래프트 면봉(삼각·M 사이즈)' 등)으로 힘을 주지 않고 가볍게 문지릅니다. 음영 분사한 Mr.컬러가 에나멜계 용제에 녹을 때까지는 시간이 좀 걸리므로, 힘을 주지 말고 매우 작은 원을 그리듯이 문질러 주십시오.

리벳 부분에서 요령을 이해했다면, 패널라인 등 직선 부분의 보수 도장을 재현합니다. 끝이 둥근 타입 면봉에 가이아노츠의 에나멜계 용제를 묻혀 패널라인을 가볍게 문지릅니다.

리벳 부분, 패널라인에 터치업 흔적이 생겼다면, 패널 내부의 희미하게 더러워진 부분을 재현합니다. 닦아내는 힘이 약한 타미야의 X-20 용제를 묻힌 끝이 둥근 타입 면봉으로 청소하는 것처럼 가볍게 문지릅니다. 보수 도장 흔적 주변의 검은 부분의 엣지를 두드러지게 하기에, 필요에 따라서는 끝이 매우 얇고 날카로운 타입의 면봉(타미야의 '크래프트 면봉(삼각·XS 사이즈)' 등)을 쓰는 것도 추천합니다.

패널라인에 타미야의 패널라인 악센트 블랙을 흘려넣고 마르길 기다린 후, 일반 면봉이나 타미야 '크래프트 면봉(원형·S 사이즈)' 등과 타미야 X-20 용제로 진행 방향과 중력이 미치는 방향에 따라 닦아내어 오염에 '움직임'을 부여합니다.

보수 도장 흔적 재현이 끝났다면 반광 클리어로 도색면을 안정시킨 후, 기름때를 재현합니다. 끝이 얇고 날카로운 타입의 면봉을 붓 대신 이용해, 타미야의 웨더링 마스터《B세트》의 검댕Soot과 녹Rust으로 기름때를 그려넣습니다. 실수해도 타미야이 X-20 용제로 닦아내면 처음 상태로 돌아가므로, 몇 번이고 도전할 수 있습니다.

사용하는 도료와 도구

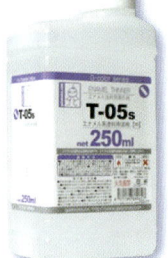
신너 첫 번째 / 가이아노츠 'T-05s 에나멜계 용제[중]' (에나멜계 신너)

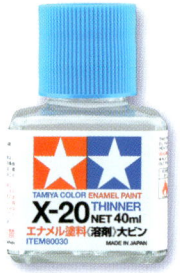
신너 두 번째 / 타미야 'X-20 용제 (에나멜계 신너)

먹선용 / 타미야 '패널라인 악센트 블랙' (에나멜계 도료)

면봉 각종 / 타미야 '크래프트 면봉(삼각·S 사이즈)', 타미야 '크래프트 면봉(삼각·M 사이즈)', 타미야 '크래프트 면봉(삼각·XS 사이즈)', 타미야 '크래프트 면봉(원형·S 사이즈) 등

음영색 예 / GSI 크레오스 Mr.컬러 (래커계 도료)

기본색 예 / 가이아노츠 가이아컬러 (래커계 도료)

재현 방법

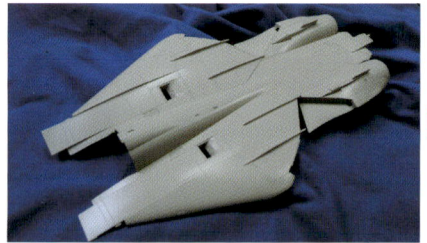
① 에어브러시를 이용해 기체 기본색을 가이아노츠의 래커계 도료로 칠한다. 이 단계에서 동체 상하면의 분할 도색을 끝내두는 것도 좋다.

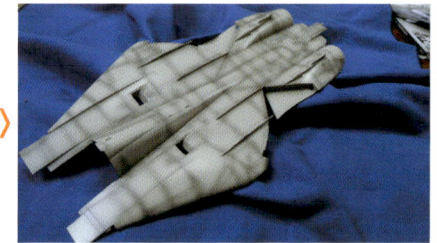
② 패널라인, 리벳 몰드를 따라 GSI 크레오스의 래커계 도료로 음영 분사. 나중에 닦아내므로 조금 진하게.

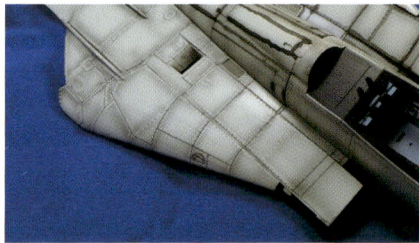
③ 가이아노츠의 에나멜계 용제를 묻힌 면봉으로 리벳 부분을 가볍게 문지른다. 힘을 주지 말고 아주 작은 원을 그리듯이.

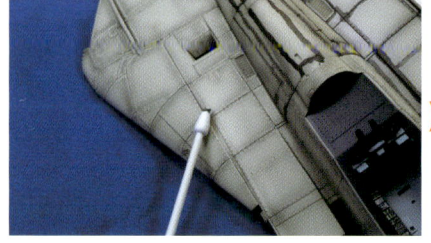
④ 리벳 부분으로 요령을 익혔다면 면봉과 가이아노츠의 에나멜계 용제로 패널라인을 가볍게 문질러 직선 부분을 재현한다.

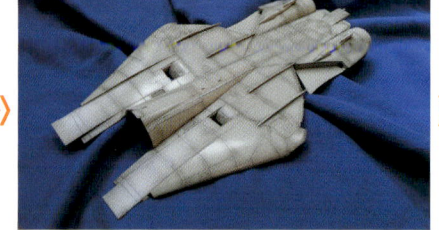
⑤ 패널 내부의 희미하게 오염이 표시되는 부분을 타미야 X-20 용제를 묻힌 면봉으로 청소하듯 가볍게 문지른다.

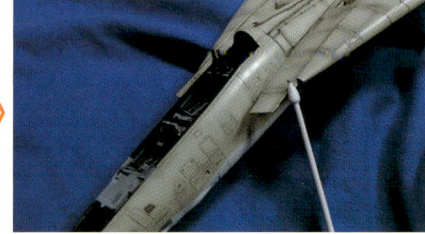
⑥ 필요에 따라 보수 도장 흔적 주변 검은 부분의 엣지를 두드러지게 한다. 끝이 매우 얇고 날카로운 타입의 면봉 사용을 추천.

⑦ 패널라인 악센트 블랙을 흘려 넣고 마르길 기다린 후, 면봉과 X-20 용제로 진행방향과 중력 방향에 따라 닦아내 오염에 '움직임'을 부여한다.

⑧ 작업 완료. 패널라인이나 리벳은 먹선을 넣어 강조되면서도 도장 보수로 깨끗하고, 패널 중앙부에는 오염이 남아 있는 상태.

주익

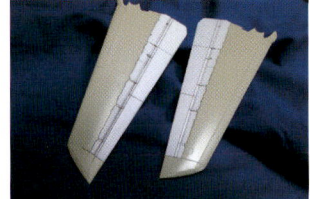 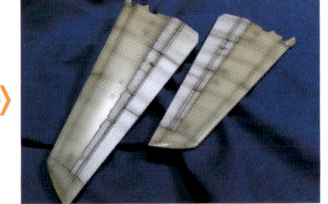 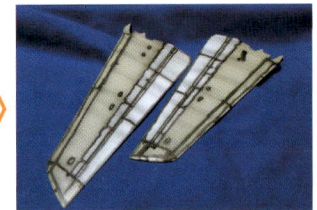 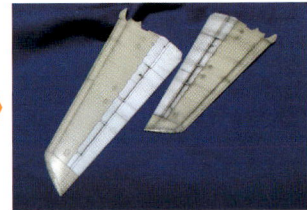

주익도 우선 기본색을 가이아컬러로 도색 | GSI 크레오스의 Mr.컬러로 패널라인을 의식하며 음영 분사 | 몰드의 패인 부분에 타미야의 패널라인 악센트를 흘려 넣는다. | 기류의 방향을 신경 쓰면서, 면봉으로 패널라인 악센트를 닦아낸다.

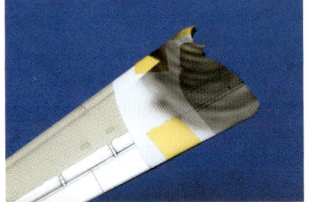 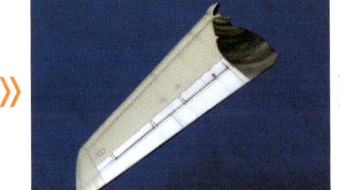 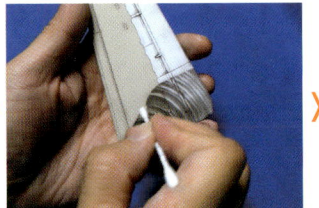 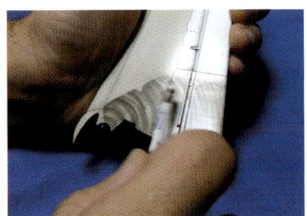

날개 가동부의 오염. 후퇴한 상태로 마스킹하고 음영 분사한다. | 마스킹을 제거한다. 닦아낼 것이므로 이 정도로 강하게 해도 된다. | 에나멜계 용제를 묻힌 면봉으로 적당히 음영을 닦아낸다. | 음영이 에나멜계 용제에 녹을 때까지, 급하게 힘을 주지 말 것.

마무리 웨더링

  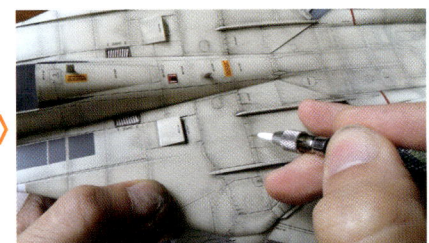

반광 클리어를 뿌린 후, 타미야 웨더링 마스터 《B 세트》의 검댕과 녹으로 기름때를 재현한다. | 끝이 얇은 타입의 면봉을 붓 대신 이용해, 리벳과 패널라인에 기름때를 그린다. | 기류나 중력 방향을 의식해 오염을 그려 넣는다. 실수해도 X-20 용제로 닦아내면 처음 상태로 돌아간다.

타미야 1/48 스케일 플라스틱 키트
그루먼 F-14A 톰캣
제작·글/노무라 쓰요시 野村剛士

TAMIYA 1/48 scale plastic kit
GRUMMAN F-14A TOMCAT
modeled by Tsuyoshi NOMURA

그루먼 F-14A 톰캣
● 발매 / 타미야 ● 8,424엔, 발매 중 ● 1/48, 약 39.8cm
● 플라스틱 키트

GRUMMAN F-14A TOMCAT
VF-154
"Black Knights"
(USS Kitty Hawk)

지금 당장 만들고 싶다! 타미야의 "봄캣"

A-7 커세어와 A-6 인트루더의 퇴역으로 인해 부족해진 항모항공단의 대지 공격 능력을 보완하기 위해, 소비에트 연방의 붕괴로 인해 위협도가 내려간 함대 방공 임무를 맡고 있던 F-14를 개수하여 공대지 전투 능력을 부여한 것이 봄캣이다. 90년대 이후의 F-14는 대부분 이 타입이며, 극동 지역에 배치되었던 톰캣도 이 타입이기에, 톰캣이라면 이거지 싶어지는 기체이다. 초기 생산형으로 등장한 타미야의 키트도 이런 면을 내다보고 제품화되고 있긴 하지만, 지금 당장 갖고 싶었기 때문에 이 키트로 작례를 만들어 보았다. 꽤 힘든 작업이었지만, 완성하니 역시 멋있다!! VF-154 "봄캣"이 만들고 싶다!!

이 키트에 대하여

타미야의 1/48 '그루먼 F-14A 톰캣'은 최근에 발매된 항공기 모형 중에서 톱클래스의 완성도를 자랑합니다. 프로포션, 디테일, 조립의 편의성 등 어떤 면을 보더라도 초일류 키트라 할 수 있겠죠.

후발 작례로서 A형 후기 모델로의 개조 및 위장 도색법을 메인으로 써볼까 합니다. 파츠 분할과 런너 배치로 보아 A후기형/B/D형 발매는 충분히 예측할 수 있지만, 발매 전에 개조로 완성하면 뭐라 말할 수 없는 달성감을 맛볼 수 있으므로 꼭 한 번 시도해보시기 바랍니다. 모형 전시회 등에서 자랑할 수 있는 것도 포인트 중 하나겠죠.

후기형으로의 개조

A형 후기 모델은 전기형과 엔진만 바뀌지 않았을 뿐, 다른 외관은 거의 B형의 모습입니다. 아마도 이 키트를 구입한 많은 분들은 이미 하세가와의 B/D 형을 몇 기 가지고 계시리라 생각하기에, 가능한 한 하세가와의 파츠를 활용해 제작하고 있습니다. 하세가와 키트로 대응할 수 없는 부분은 다른 회사의 A형 후기 개조 파츠를 이용하는 방법도 있지만, 이런 파츠들은 공급이 불안정한 경우가 많기에 이번 작례에서는 가능한 한 플라스틱 재료・퍼티 등으로 만들어 쓰고 있습니다. 세부 형태의 변경 테크닉은 F-14만이 아닌 항공기 모형 전반에 걸쳐 쓸 수 있기에, 자세한 제작법도 함께 적어볼까 합니다.

1) 기수 개틀링 기관포의 슬릿을 NACA 덕트로 형태 변경

타미야의 슬릿 부분을 제거하고 하세가와의 F-14B/D의 파츠를 그대로 이식하고 싶지만, 하세가와의 파츠는 훨씬 더 크기 때문에 잘라내서 끼워야 합니다. 그리고 NACA 덕트의 복잡한 형태를 재현하기 위해 파츠 안쪽에 바셀린을 발라 이형 처리하고, 에폭시 퍼티를 채워 모양을 만듭니다. 경화된 후 일단 분리해 에폭시 퍼티의 모양을 잡고, 다시 한 번 파츠에 끼워 접착하는 굉장히 따분한 작업을 반복합니다. 작업 중의 사진도 함께 봐 주십시오.

2) 개틀링 기관포 벌지 후방의 개스 배출 슬릿 재현

벌지 본체는 NACA 덕트를 재현하기 위해 하세가와의 파츠를, 슬릿 부분은 파인 몰드의 에칭 파츠를 사용합니다. 하세가와제 벌지를 기총 패널과 맞춘 후, 벌지 후방에 끌로 형태를 만들어 에칭 파츠를 끼워넣습니다. 도중 사진도 봐주셨으면 합니다만, 이 부분은 에칭 부분에 벌지가 약간 걸리기 때문에 에폭시 퍼티를 이용해 벌지를 재생할 필요가 있습니다.

3) 기수 아래의 카메라/ECM 안테나 증설
하세가와 F-14B/D의 파츠를 그대로 이식했습니다.

4) 전방 랜딩 기어 좌측에 안테나 증설
전방 랜딩 기어 커버(G-45번 파츠)에 안테나를 증설합니다. 안테나 부를 하세가와 키트에서 가져와 이식하는데, 왼쪽만 이식하니 주의해야 합니다. 실제 기체는 안테나 증설에 따라 원래 있던 슬릿이 후방으로 이동하기 때문에, 신중하게 슬릿 부분만 떼어내 교환했습니다. 이 작업은 안쪽 파츠(G-51번)에도 영향을 미치기 때문에, 파츠 째로 슬릿을 이동시킨 후 조립합니다.

5) 동체 윗면에 GPS 안테나 증설
파츠 B19 위에 증설되어 있는 GPS 안테나를 제작합니다. 가장자리를 재현하기 위해 0.3mm 플라스틱판을 둥근 모양으로 잘라내 먼저 접착하고, 그 위에 돔 형태의 안테나를 접착합니다. 돔 부분은 둥근 플라스틱 봉을 반구 형태로 갈아낸 후 떼어내 접착했습니다.

6) 글로브 부분의 ECM 안테나 증설
한쪽에 3개씩 증설된 ECM 안테나를 재현합니다. 글로브 옆의 안테나는 에폭시 퍼티로 직접 만들고, 보조 날개 아래의 가장 작은 안테나는 플라스틱 판을 겹쳐 쌓아서, 인테이크 옆의 안테나는 바셀린으로 이형 처리한 후 에폭시 퍼티를 이용해 제작했습니다. 접착면이 평면일 경우에는 플라스틱 계열, 복잡한 경우에는 퍼티 계열로 제작하면 접합 조정이 쉽기 때문에, 부위에 따라서 제작 방법을 변경합니다.

7) 동체 꼬리 부분에 재머 안테나 증설
하세가와 제 꼬리 날개 부분을 조정해 이식하는 방법도 있지만, 타미야의 꼬리 부분과는 단면 형태가 다르기 때문에 안테나 부분만 새로 만들어 접착했습니다.

8) 수직 꼬리날개의 보강판 형태 변경
A형 후기부터 수직 꼬리날개의 보강판 형태가 변경되었으므로 원래의 몰드를 갈아 제거하고, 하세가와 제 보강판 부분만 잘라내 이식. 단, 이 방법은 보강판 몰드를 전부 살릴 수 있는 대신 한계까지 얇게 갈 필요가 있습니다.

9) 기수 측면의 보강판 추가
후부 좌석 부근에 있는 패널의 보강판을 추가합니다. 0.3mm 플라스틱 판에서 잘라낼 수도 있지만, 실기 사진을 보고 그렇게까지는 차이가 나지 않는다고 판단해 이번에는 마스킹 후 서페이서를 좀 두껍게 뿌리는 방법으로 두께를 재현했습니다.

10) 랜딩 기어 휠을 후기형으로 교체
A후기/B/D형은 휠이 후기 사양으로 되어 있으므로, 하세가와 키트의 메탈 파츠로 환장. 연결부의 형태가 다르기 때문에 랜딩 기어 옆을 살려서 미세 조정합니다. 하세가와 키트의 타이어는 트레드 무늬가 있어 리얼하므로, 본 작례에서는 전방 랜딩 기어도 휠을 교체했습니다.

11) 전방 피닉스 파일런에 봄 랙/어댑터 증설
A형 후기 피닉스 파일런에는 봄 랙/어댑터가 장착되어 있으므로 플라스틱으로 제작합니다. 조정은 간단하므로, E-26번 파츠를 약간 잘라 토대로 이용하고, 0.5~1mm의 두꺼운 플라스틱을 상자 형태로 제작했습니다. 여러 개 필요한 리벳이나 안정 장치 등은 얇고 둥근 긴 런너를 잘라 대응했습니다.

12) 오른쪽 글로브 파일런 하부의 형태 변경
LANTIRN 포드를 탑재한 기체를 제작할 경우에는, 포드를 달기 위해 파일런을 자작해야 합니다. 스패로우용 파일런(E-21, 22번 파츠)을 베이스로 하단에 1mm의 두꺼운 플라스틱 판을 접착하고, 계속해서 에폭시 퍼티로 끝을 연장시켜 나갑니다. 주의할 점은 측면 돌기를 갈아낼 때 플라스틱 두께가 부족해 구멍이 뚫릴 수 있으므로, 사전에 파츠 안쪽에 에폭시 퍼티로 보강을 해둬야 한다는 점입니다. 높낮이 차이가 있는 디테일이 많으므로 0.3mm 플라스틱 판을 잘라내 접착해 나갑니다. 또, 파일런과 포드를 이어주는 어댑터 부분도 플라스틱 판으로 제작했습니다.

개조에 사용한 키트/파츠

◀ 하세가와 'F-14A 톰캣 "VF-154 블랙 나이츠 히스토리"' (품번 09884)

▼ 파인 몰드 'F-14 프로브 세트(알파 프로브&AOA 프로브)' (품번 AC-54)

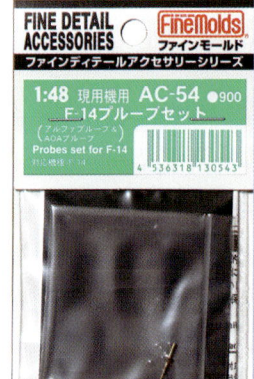

▲ 하세가와 '에어크래프트 웨폰 D 미군 스마트 폭탄&타깃 포드 (품번 X48-8)

◀ 파인 몰드 'F-14용 에칭 파츠 세트' (품번 AC-86)

◀ 파인 몰드 '나노 에비에이션 현용기 시트벨트 1(F-14·F/A-18)' (품번 NC7)

개조 포인트

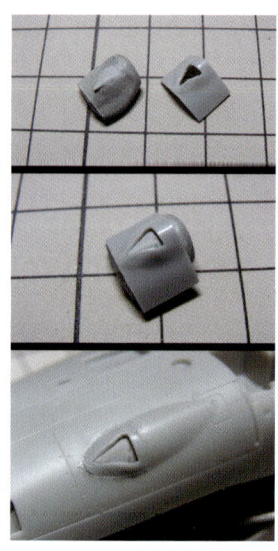
▲ NACA 덕트 제작 요령. 똑같은 작업을 3군데 해야 하는데, 반드시 기총 패널 접착 전에 작업할 것.

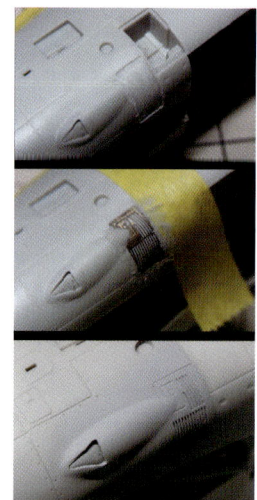
▲ 패널 옆을 긁어내 에칭 파츠를 끼워 넣는다. 에칭은 달군 후 식히면 구부리기 쉽다.

▲ 보조 날개 옆의 ECM 안테나는 주위를 마스킹 테이프로 보호한 다음 작업한다.

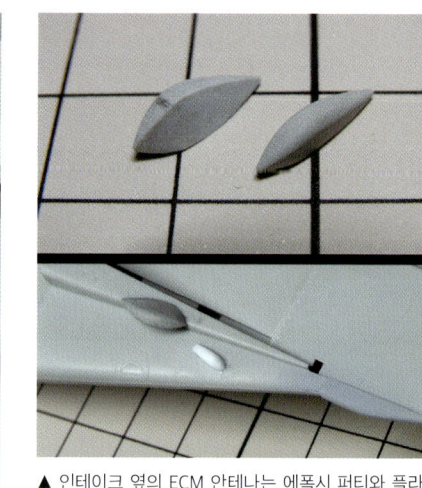
▲ 인테이크 옆의 ECM 안테나는 에폭시 퍼티와 플라스틱 판으로 추가했다.

▲ GPS 안테나는 플라스틱 판과 플라스틱 봉을 갈아낸 후 조합해 제작

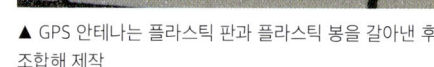
◀ 개조가 완료된 기수. 후방의 보강판은 마스킹 후 서페이서를 두껍게 뿌려 재현

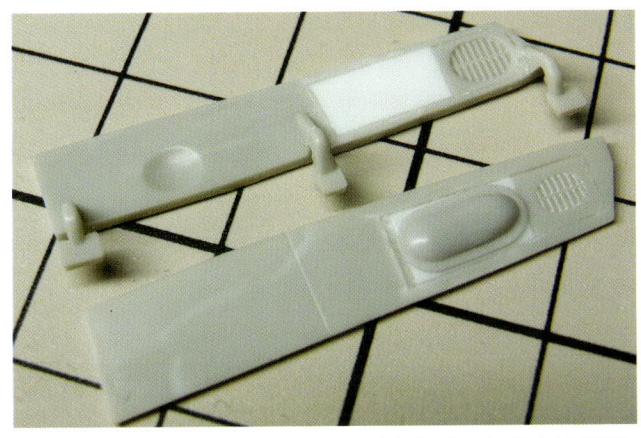

▲ 전방 랜딩 기어 커버의 안테나 추가는 슬릿을 이설하기 때문에, 고난도 공작이 요구된다.

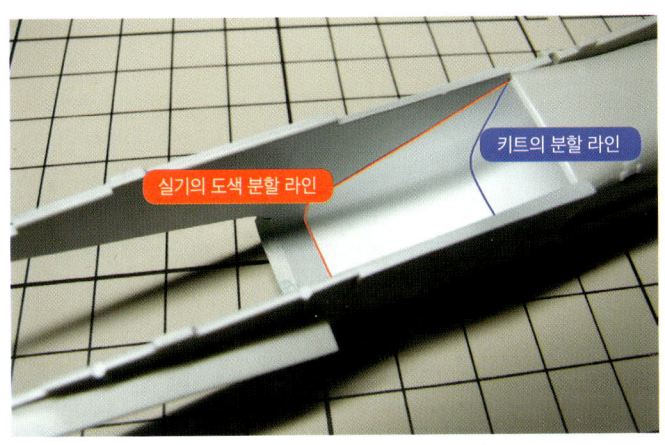

▲ 인테이크 내부의 도색 분할 라인은 키트의 분할 라인과는 다르다.

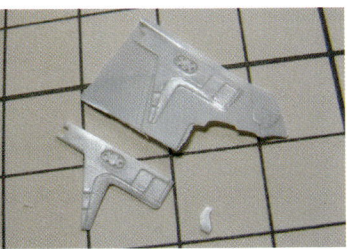

▲ 하세가와의 수직 꼬리날개를 한계까지 얇게 갈아서 제작한 보강판

▲ 엔진 노즐 안은 플랫 화이트를 칠한 후, 면봉을 이용해 배기구의 오염을 그려 넣었다.

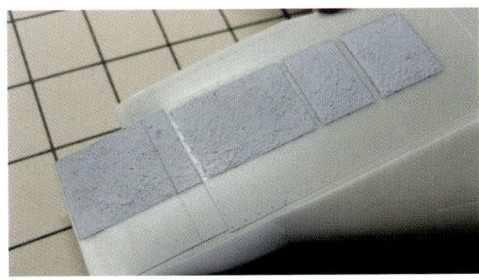

▲ 인테이크 윗면의 미끄럼 방지 패널은 마스킹한 후 타미야 퍼티를 붓으로 톡톡 두들겨 바르는 방법으로 재현했다.

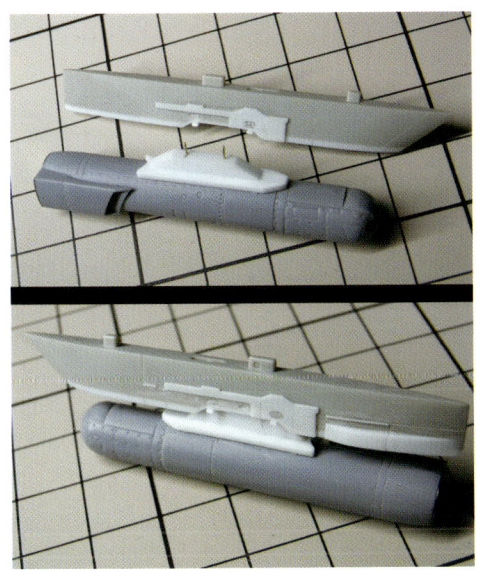

▲ LANTIRN 포느봉 파일런은 플라스틱 판으로 제작. 안쪽 자료가 적으므로 참고삼아 게재한다.

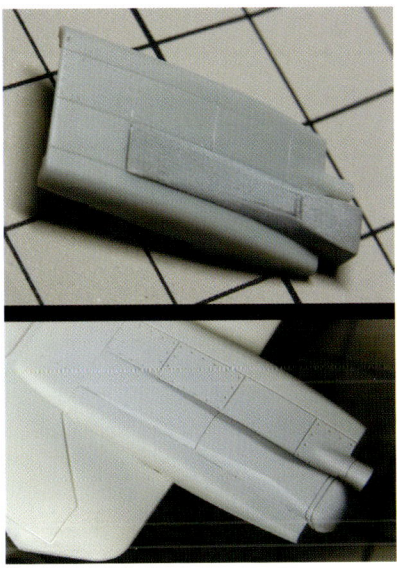

▲ 의외로 복잡한 면 구성인 재머 안테나. 에폭시 퍼티를 이용해 제작했다.

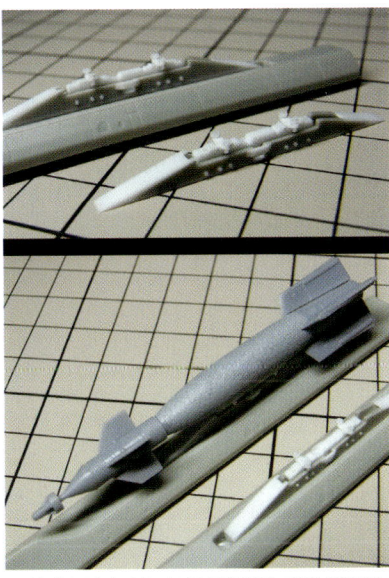

▲ 봄 랙은 플라스틱 판으로 만들었다. 페이브웨이 II는 타미야 퍼티로 내열 코팅을 재현했다.

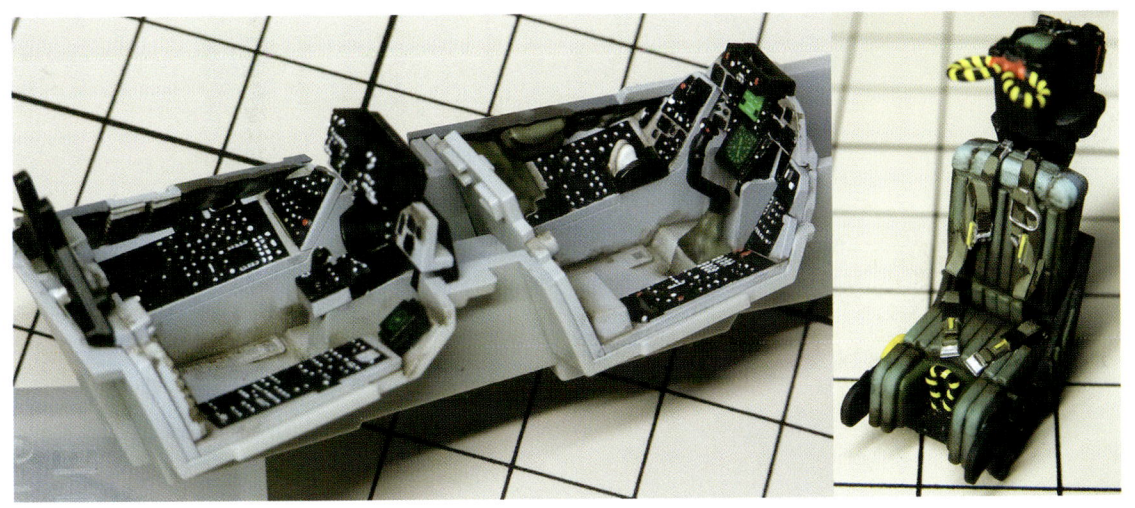

◀ 시트에 하네스를 추가하기만 해도 콕피트는 충분한 정밀감이 느껴진다.

디테일 업과 기타

1) 시트에 하네스 추가
콕피트는 정확·정밀하고 훌륭한 완성도를 자랑하지만, 하네스가 데칼로만 되어있기 때문에 파인 몰드의 플라스틱 제 파츠 '나노 에이비에이션 현용기 시트 벨트1(F-14·F/A-18)' (품번 NC7)을 사용해 입체감을 주었습니다.

2) 기수 프로브를 황동으로 변경
파인 몰드의 황동제 부품 세트인 'F-14 프로브 세트 (알파 프로브&AOA 프로브)' (품번 AC-54)를 이용해 프로브 끝의 강도를 강화합니다. 하지만 부품 그대로는 프로브 쪽이 약간 두껍기 때문에, 기수 쪽을 약간 갈아서 조정할 필요가 있습니다.

3) 기체 윗부분의 미끄럼 방지 패널 디테일 추가
이 키트에는 인테이크 바로 위 부근의 미끄럼 방지 패널이 데칼로 준비되어 있지만, 실제 기체의 미끄럼 방지 패널은 아스팔트 같은 질감에 제법 두께가 있는 편입니다. 이런 질감을 재현하기 위해 데칼의 길이를 재 마스킹을 하고, 타미야 퍼티를 붓으로 툭툭 두들기듯 발랐습니다. 또, 미끄럼 방지 패널은 A형 초기 모델에는 왼쪽밖에 없었지만, A형 후기 모델에는 오른쪽에도 추가되었습니다.

4) 에어 인테이크 내부 분할 도색
완성 후에는 거의 보이지 않는 부분이지만, 인테이크 내부의 도색 구분(그레이와 화이트의 경계)은 키트의 분할선과 일치하지 않으므로 주의가 필요합니다. 실제 기체에서는 인테이크 내부의 도색 구분선은 몇 가지 패턴이 존재하는데, 아마도 탑재한 엔진에 따라 달라지거나, 개수의 유무 등이 그 이유였던 것으로 보입니다.

5) 탑재 무장
피닉스×1, 사이드와인더×2, 페이브웨이Ⅱ×2, LANTIRN포드×1의 "봄캣" 사양으로. 미사일 종류는 운용 시기를 맞추기 위해, 키트의 불요 파츠를 일부러 사용해 후기형으로 개조할 필요가 있습니다. 폭장 관련은 전부 하세가와의 '에어크래프트 웨폰 D 아메리카 스마트 폭탄&타깃 포드' (품번 X48-8)을 사용했습니다.

▲ 동체 중앙부에 야간 정밀 폭격을 가능케 하는 GPS 안테나를 장비. 그 바로 뒤의 안테나(E-2번 파츠)는 필요 없게 된다.

▲ A형 후기 모델은 윙 글로브 오른쪽 파일런에 LANTIRN 포드를 장비 가능하다. 휠 허브도 변경되었다.

▲ 하세가와 키트에서 이식한 친 포드는 TCS(텔레비전 카메라 세트) 장비 타입으로, B형과 공통이다.

저시인성 컬러 도색

A형 후기 모델로 개조하면 시기적으로 저시인성 Low Visibility 컬러 도색으로 완성하게 되므로, 몇 군데 포인트를 소개해 두겠습니다. 마킹은 유명 비행대 가운데 하나인 VF-154 "블랙 나이츠"의 'NF100'을 재현했습니다.

실제 기체는 3색의 카운터 셰이드 도색이지만, 염해나 퇴색으로 인해 거의 한 가지 색으로 되어버린 기체가 많으므로 콘트라스트는 최대한 억제하는 방향으로 완성했습니다. 또한 위장 도색은 웨더링 과정에서 상당히 어두워지므로, 이를 고려해 미리 기본색을 2단계 정도 밝게 조절해 두었습니다.

원 포인트 어드바이스를 하자면, 기수는 패널 별로 마스킹을 해서 콘트라스트를 확실하게 할 것. 작업적으로는 컬러 모듈레이션에 가깝습니다만, 실제 기체에서도 마찬가지로 패널 별로 도장 및 보수가 실시되고 있습니다.

기본 도색 후에는 묽게 희석한 블랙으로 얼룩을 분사하게 되는데, 패널라인의 오염을 재현하는 작업은 아니므로 어디까지나 랜덤으로 분사해야 합니다. 패널을 너무 의식하면 획일적이 되어 보기에 안 좋으므로 주의합시다.

다음으로는 기본색으로 보수 흔적을 써나갑니다. 실제 기체는 패널라인 보수 외에 세세한 스포드나 패널 별로 대거 보수하기도 하므로, 무늬를 넣어가며 재현하면 훨씬 보기 좋게 완성됩니다.

마지막으로 타미야 에나멜로 전체에 얼룩 효과를 주면 웨더링 완료입니다. 에나멜 도료의 색조는 짙은 블루 블랙(숨은 색으로 그린 소량)을 사용했습니다. 이 작업에 관해서는 GSI 크레오스의 Mr.웨더링 컬러 필터·리퀴드를 사용해도 좋다고 생각합니다.

데칼은 타사의 키트에서 가져오거나 별매의 데칼을 사용하게 됩니다. 실제 기체에는 코션 마크가 본체 도색이 훼손되면서 함께 희미해지면서 사라지는 경우도 있습니다만, 그 상태를 재현할 때는 붙이지 않는 편이 더 리얼합니다.

■ 참고자료
· 모델 아트 프로필 No.6 아메리카 해군 F-14 톰캣
· DACO 시리즈 슈퍼 디테일 포토북 그루먼 F-14A/B/D 톰캣

▲ 수직 꼬리날개 끝 부근의 보강판은 형태가 다르다. 키트의 몰드를 제거하고 하세가와의 파츠를 이식한다.

▲ 기수 좌측. 친 포드, 개틀링 기관포 가스 흡배기구, 다리 커버의 안테나, 보강판 등 주요 개조 포인트가 집중되어 있다.

▲ 피닉스 파일런에는 봄 랙/어댑터에 페이브웨이II 레이저 유도 폭탄을 탑재

Decals&Detail-up Parts CATALOGUE

TAMIYA 1/48 GRUMMAN F-14A TOMCAT

타미야 1/48 그루먼 F-14A 톰캣 데칼&디테일 파츠 카탈로그

키트를 그대로 조립하는 것도 충분히 즐거운 모형 체험이지만, 부속된 마킹 이외의 도색이나 각 부분의 사양 변경, 디테일 업 등 키트를 즐기는 방법은 다양하다. 여기서는 타미야 1/48 키트에 적합한 제품을 엄선해 소개한다. 보존판 데칼&디테일업 파츠 카탈로그!

※ 표기 가격은 세금 포함. 게재되어 있는 제품 중에는 매장 재고, 생산 중지 및 판매 중지품목도 포함되어 있다. 또, 가격은 물가나 통화의 변동에 의해 현 상태와 달라지는 경우도 있다는 것에 유의하기 바란다.

파이터 타운 데칼

발매 : 파이터 타운 데칼 / 판매 : 플라츠 / 1/48 스케일 / 데칼

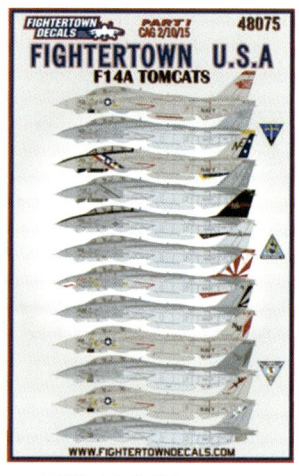

◎ 미 해군 파이터 타운 USA PART.1 F-14A 톰캣
5,616엔, 품번 FTD48-075

태평양 함대의 제2, 제10, 제15 항모 항공단 중에서 F-14A 톰캣의 마킹을 총 12종류 수록. '사막의 폭풍' 작전 당시의 VF-1 'Mi-8 힙 킬러' 외에도, 눈에 잘 띄는 것부터 위장 데칼까지 골고루 선택할 수 있다.

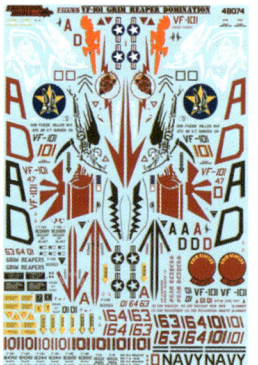
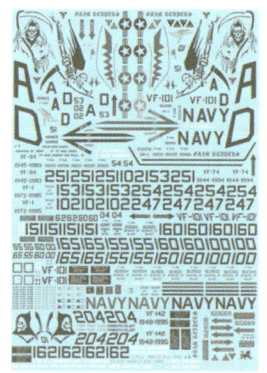

◎ 미 해군 F-14A/B/D 톰캣 VF-101 그림 리퍼즈
4,212엔, 품번 FTD48-074

사신을 심볼 마크로 하는 VF-101을 테마로, 1976년 운용 개시부터 2005년까지 F-14A/B/D의 전체 활동 기간 마킹을 커버한다. 또, 해산 비행대를 기리는 의미로 1996년에 실시된 추억의 마킹도 수록되었다.

◎ F-14A 파이터 타운 USA PART2 CAGS
5,616엔, 품번 FTD48-080

톰캣이 처음으로 배치되었던 VF-1 울프팩, 가라앉는 일장기를 모티브로 한 VF-111 선다우너즈 등, CAG기 8기 분을 수록. 모두가 화려한 컬러링으로, 제작 의욕을 자극하는 마킹들이 모여 있다.

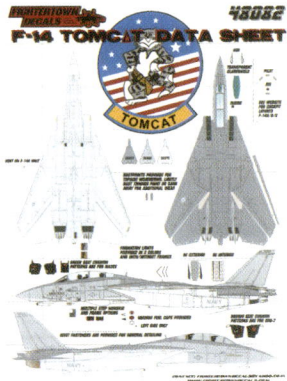
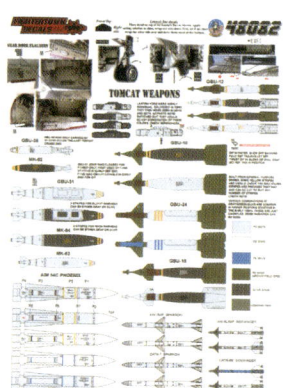
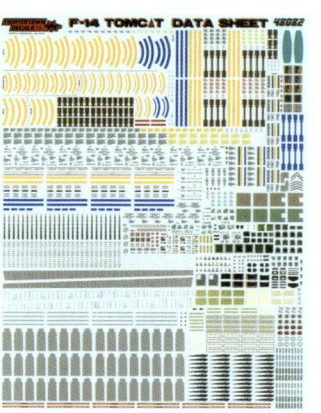

◎ F-14A/B/D 톰캣 데이터 & 웨폰즈
5,616엔, 품번 FTD-48-082

각 타입의 톰캣을 더욱 상세하게 완성하기 위한 세트. 콕피트와 기체의 각 부분, 엔진 노즐, 탑재 무장의 마킹 등을 수록했다. 완성도가 비약적으로 상승할 것이 틀림없다.

애프터버너 데칼

발매 : 파이터 타운 데칼 / 판매 : 플라츠 / 1/48 스케일 / 데칼

F-14 A/B VF-103 '슬러거즈'
3,888엔, 품번 AFB48-071

'졸리 로저스'라 불리기 이전, 1986년부터 1995년 VF-103 '슬러거즈' 시대의 마킹을 수록했다. 'FLIR CAT' 노즈 아트 등, 전부 12종. 스텐실도 2종류가 준비되어 있다.

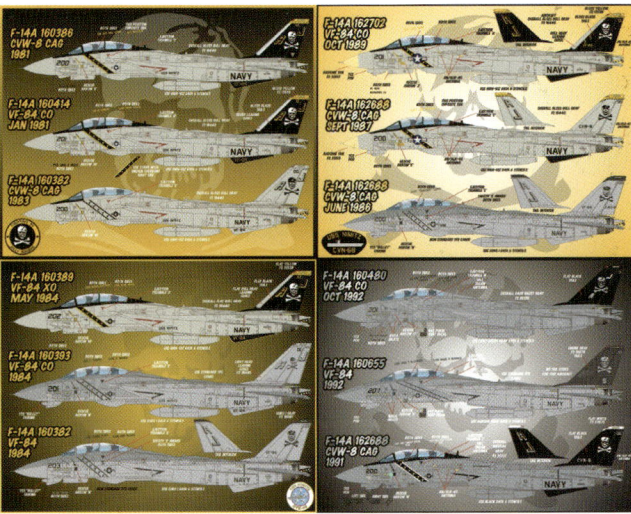

미 해군 F-14A VF-84 '빅토리 캣츠'
3,888엔, 품번 AFB48-069

매우 유명한 F-14 비행대, VF-84 '졸리 로저스'의 1981년부터 92년까지의 소속기를 재현한 세트. CAG기, CO기, 라인 제트기 등 총 12기가 수록되어 있으며, 스텐실 종류도 2기분 준비되어 있다.

울프팩

발매 : 울프팩 / 판매원 : 비바 코퍼레이션 / 1/48 스케일 / 데칼

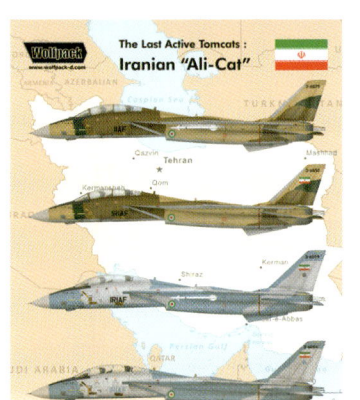 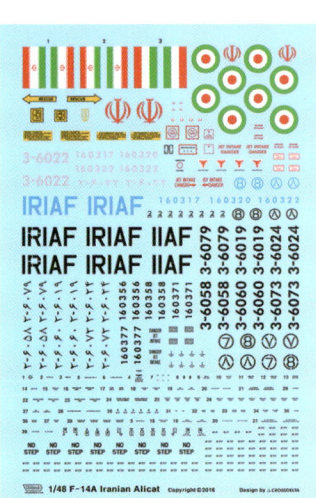 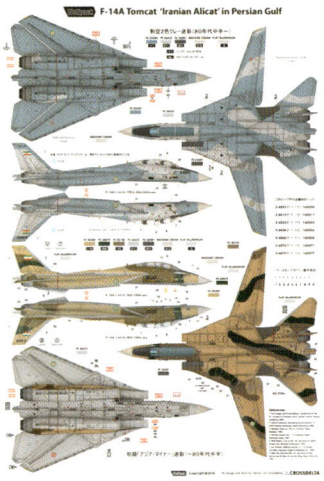

◎ F-14A '알리 캣' 데칼 세트(타미야 용)
1,728엔 품번 WOLWD48012

이란 공군에서 운용된 페르시아 만 상공의 톰캣 '알리 캣'을 재현했다. 초기형 샌드 컬러 2기, 현재 운용 중인 블루 그레이 컬러 2기 등 총 4기분을 수록. A3판 컬러 도색 안내도까지 부속되어 새로운 매력을 발견할 수 있다.

MYK 디자인

발매 : MYK 디자인 / 1/48 스케일 / 데칼

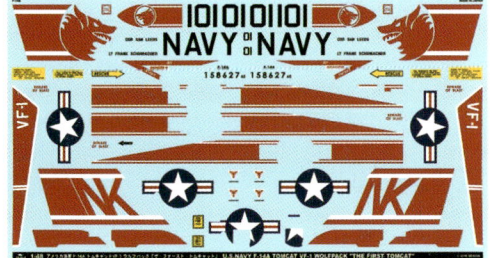 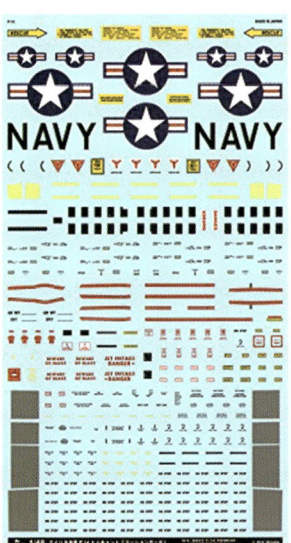 

◎ F-14A VF-1 울프팩 '더 퍼스트 톰캣'
1,620엔, 품번 A-48025

1973년 퍼스트 크루즈 시 VF-2 바운티 헌터즈와 함께 처음으로 F-14를 운용했던 VF-1 울프팩의 마킹을 세부까지 충실하게 재현한 데칼. 붉은 늑대 마킹 기체는 한 번 만들어보고 싶다.

◎ F-14A VF-84 졸리 로저스 '깃발을 올려라!'旗を掲げろ!
1,404엔, 품번 A-48024

1991년 걸프전 귀환 당시 비행대장기 'AJ201'에 실시되었던 스페셜 마킹을 수록. 사각형 깃발 무늬 안에 스컬 & 크로스본이 그려진 마킹을 수직 꼬리날개에 장식한, 한층 더 인상적인 기체를 재현할 수 있다.

◎ 미 해군 F-14 톰캣 '톰캣용 코션 데이터'
1620엔, 품번 A-48023

특히 고시인성 High Visibility 컬러 시대의 F-14에 베스트매치. 기체 각부의 코션 스텐실을 정밀하게 재현한 데칼 세트. 국적 마크 등 일부 마킹은 패턴이 다른 것도 포함되어 있다. 범용성이 높은 데칼.

에두아르드

발매 : 에두아르드 / 판매원 : 비바 코퍼레이션 / 1/48 스케일 / 데칼

◎ F-14A 용 GRU-7 사출좌석(타미야 용)
1,944엔, 품번 648293, 레진 키트

키트에 든 파츠와 교환해 콕피트의 디테일을 증가시킬 수 있는, 세부까지 충실하게 재현된 GRU-7 사출 좌석. 시트 벨트 등 채색이 완료된 에칭 파츠와 각부의 쿠션 마크 데칼도 부속되어 있다.

◎ F-14A 휠(초기형) (타미야 용)
864엔, 품번 648304, 레진 키트

이 키트과 같은 타입의 휠이지만, 측면의 각인 등 디테일 재현도는 차원이 다르다. 분할 도색하기 편리한 마스킹 씰도 부속되어 있으며, 중기형 휠(864엔, 품번 648290)도 발매 중이다.

◎ F-14A 내장 (타미야 용)
3,132엔, 품번 49805, 에칭

계기의 눈금이나 스위치 종류까지 다 채색된 계기판 에칭을 메인으로 콕피트를 초정밀하게 디테일 업. 계기판만 있는 버전(2,160엔, 품번 FE805)도 발매 중이다.

◎ AIM-9G/H 사이드와인더 미사일(4개입)
1,296엔, 품번 648303, 레진 키트

F-14 도입 초기에 사용된 제2세대 사이드와인더를 레진 키트가 아니면 볼 수 없는 세부 표현으로 모델화. 런처, 앞쪽 커버, 스텐실 종류의 데칼 등도 부속되어 있다.

◎ F-14A 엔진(타미야 용)
1,944엔,

TF-30엔진의 노즐 가장 안쪽에 있는 애프터 버너 제어부를 리얼하게 재현. 이 키트의 파츠로 바꾸어 세트하면 엔진 노즐의 리얼함이 훨씬 향상될 것이다.

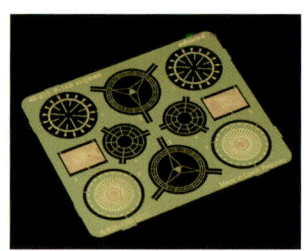

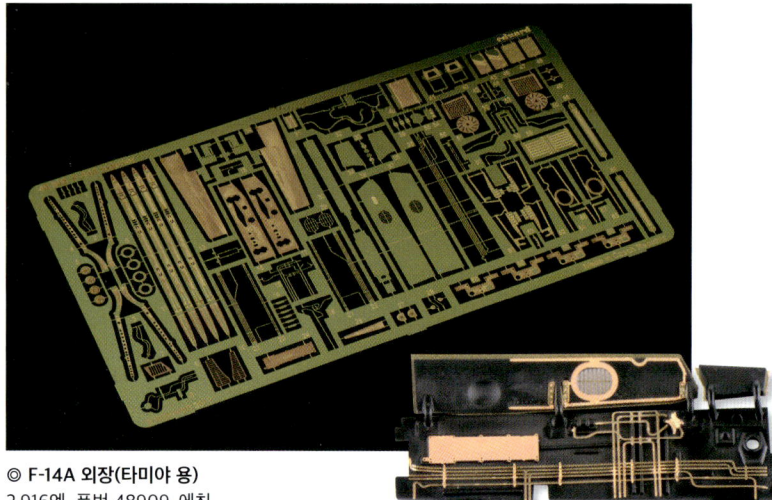

◎ F-14A 외장(타미야 용)
2,916엔, 품번 48909, 에칭

기체의 외관 각 부분을 디테일 업. 다리 수납고 내부, 승강용 래더, 기관포 배기 슬릿, 아래 쪽의 공중 공조 장치 용 팬 등, 에칭이기에 섬세한 표현이 가능하다.

◎ F-14A 도색 마스크 시트(타미야 용)
1,296엔, 품번 EX540, 커팅된 마스크 실

이미 재단이 다 되어 있어 바로 쓸 수 있는 캐노피 마스킹. 수작업으로는 어려운 윈도우 테두리의 둥근 곡선부도 깔끔하게 재단되어 작업성도 대폭 향상. 앞뒤 휠 용 마스크도 부속되어 있다.

KASL 모델

발매 : KASL 모델 / 판매원 : 비바 코퍼레이션 / 1/48 스케일 / 레진 키트

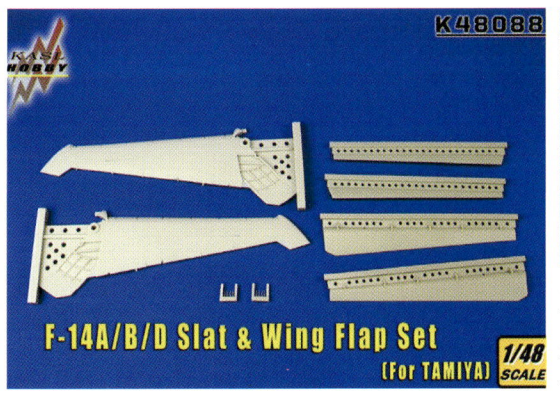  

◎ F-14A 플랩 & 슬랫 다운 세트(타미야 용)
10,692엔, 품번 KSL48088

개조가 필요 없으며, 키트의 주익 파츠와 교환하기만 하면 앞부분 슬랫과 플랩을 내린 이착륙 상태의 톰캣을 손쉽게 재현할 수 있다. 주익 내부에는 유리 섬유가 들어 있어 강도나 변형 문제에도 대응하고 있다.

DEF. 모델

발매 : DEF.모델 / 판매원 : M.S 모델즈 / 1/48 스케일 / 레진 키트

 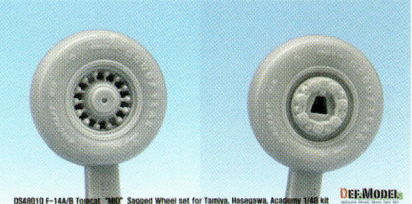 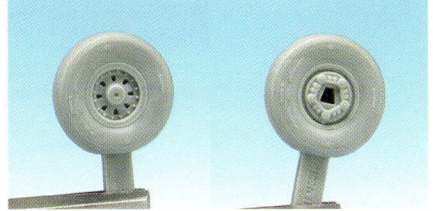

◎ F-14A/B 톰캣 중기형 자중 변형 타이어 세트
(타미야/하세가와 용)
864엔, 품번 DS48010

허브 형태 등, 초기형과의 차이를 충실하게 표현한 중기형 자중 변형 타이어 세트. 전방 랜딩 기어의 미쉐린, 랜딩 기어의 굿이어의 로고 등도 철저하게 재현. 타미야 외에 하세가와 키트에도 적용 가능하다.

◎ F-14A/B 톰캣 초기형 자중 변형 타이어 세트
(타미야/하세가와 용)
864엔, 품번 DS48009

타미야 키트와 동일한 초기형으로, 초기형 특유의 허브 형태와 디스크 브레이크를 재현한 자중 변형 타이어 세트. 키트의 기본 파츠와 교환하는 것만으로도 톰캣의 중량감을 연출할 수 있다. 도색 시에 편리한 휠 마스크도 부속되어 있다.

아이리스

발매 : 아이리스 / 판매원 : 비바 코퍼레이션 / 1/48 스케일 / 레진 키트

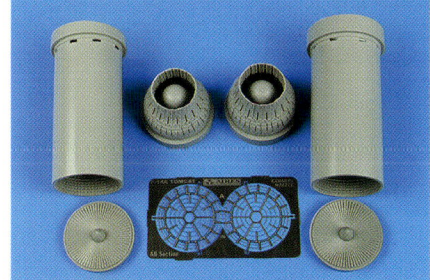 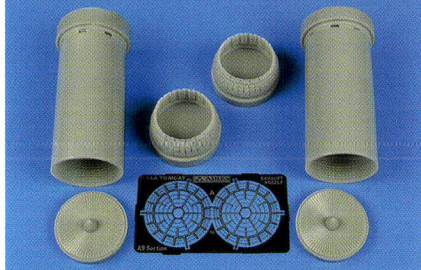 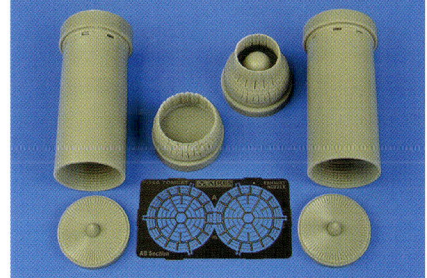

◎ F-14A 톰캣 애프터버너(닫힌 상태) (타미야 용)
2,484엔, 품번 ARS4700

◎ F-14A 톰캣 애프터버너(열린 상태) (타미야 용)
2,484엔, 품번 ARS4708

◎ F-14A 톰캣 애프터버너(개·폐 각 1개) (타미야 용)
2,484엔, 품번 ARS4713

키트의 파츠와 간단히 교환할 수 있는 엔진 노즐. 레진 파츠이므로, 프라모델의 인젝션 성형으로는 불가능한 애프터버너 내벽의 몰드도 확실하게 재현되어 있다.

열린 상태의 TF30 엔진 노즐을 재현한 레진 파츠. 애프터버너 제어부는 정교하게 조각된 터빈 블레이드에 에칭 파츠를 조합, 섬세한 표현이 매력이다.

엔진 노즐이 열린 상태와 닫힌 상태가 하나씩 들어 있는 세트. 발함 준비 시 등에 흔히 볼 수 있는 노즐 개폐 상태가 좌우가 다른 기체를 재현할 경우에 적합한 세트다.

휠리언트

발매 : 휠리언트 / 판매원 : 비바 코퍼레이션 / 1/48 스케일 / 레진 키트

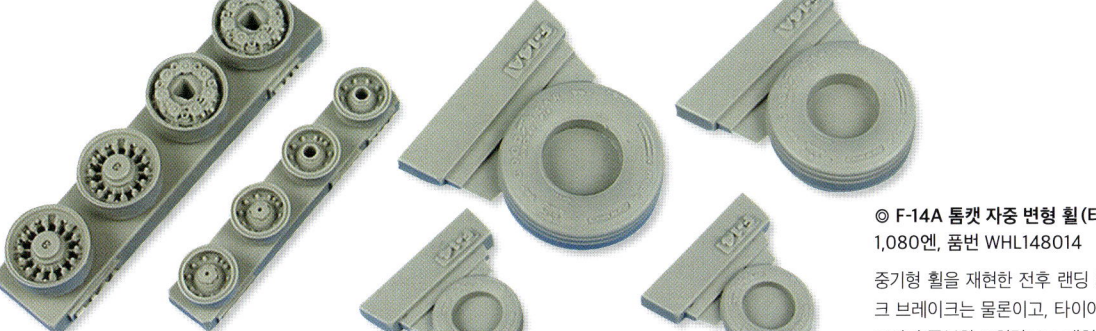

◎ F-14A 톰캣 자중 변형 휠(타미야 용)
1,080엔, 품번 WHL148014

중기형 휠을 재현한 전후 랜딩 기어용 레진제 자중 변형 휠. 디스크 브레이크는 물론이고, 타이어의 메이커 로고 및 접지면의 트레드까지 풍부한 표현력으로 재현되어 있다.

타미야 1/48 톰캣 제작 가이드

F-14A
톰캣을 즐겨보자!

STAFF

Modeling

후쿠시 아키하루	Akiharu Fukushi
다카하시 유지	Yuji Takahashi
욘케이	Yonkei
노무라 츠요시	Tsuyoshi Nomura
(페)	Pe
(탄)	Tan

Text

데이나 "스머지" 포츠	Dana "Smudge" Potts
이시하라 하지메	Hajime Ishihara
스콧 T 하즈	Scott T. Hards

Photo

인타니아	Entanya
이시하라 하지메	Hajime Ishihara
미합중국 해군	U.S. Navy

Editor

모치즈키 류이치	Ryuichi Mochizuki
이시이 에이지	Eiji Ishii

Design

이마니시 스구루(주식회사 리퍼블릭)	Suguru Imanishi (Republic)
야우치 다이키(주식회사 리퍼블릭)	Daiki Yauchi (Republic)

타미야 1/48 톰캣 제작 가이드
F-14A 톰캣을 즐겨보자!

초판 1쇄 인쇄 2018년 1월 10일
초판 1쇄 발행 2018년 1월 15일

저자 하비재팬 편집부
번역 문성호

퍼낸이 이동섭
편집 이민규, 오세찬, 서찬웅
디자인 조세연, 백승주
영업·마케팅 박래풍, 송정환, 최상영
e-BOOK 홍인표, 김영빈, 유재학, 최정수
관리 이윤미

㈜에이케이커뮤니케이션즈
등록 1996년 7월 9일(제302-1996-00026호)
주소 04002 서울 마포구 동교로 17안길 28, 2층
TEL: 02-702-7963~5 FAX: 02-702-7988
http://www.amusementkorea.co.kr

ISBN 979-11-274-1248-7 17630

TAMIYA 1/48 TOMCAT SEISAKU GUIDE F-14A TOMCAT O TANOSHIMU HON
©2017 HOBBY JAPAN
Originally Published in Japan 2017 by HOBBY JAPAN Co.Ltd.
Korea translation Copyright©2017 by AK Communications, Inc.

이 책의 한국어판 저작권은 일본 ㈜HOBBY JAPAN 과의 독점계약으로
㈜에이케이커뮤니케이션즈에 있습니다.
저작권법에 의해 한국 내에서 보호를 받는 저작물이므로 무단전재와 무단복제를 금합니다.

이 도서의 국립중앙도서관 출판예정도서목록(CIP)은
서지정보유통지원시스템 홈페이지(http://seoji.nl.go.kr)와
국가자료공동목록시스템(http://www.nl.go.kr/kolisnet)에서 이용하실 수 있습니다.
(CIP제어번호: CIP2017034848)

*잘못된 책은 구입한 곳에서 무료로 바꿔드립니다.